在殘酷的世界中挖掘生命的美好

How to Stay Human in a F*cked-Up World: Mindfulness Practices for Real Life

提姆・戴斯蒙
Tim Desmond ——— 著

盧思綸 ——— 譯

致所有與世界相愛相殺的人們

目錄

前言

這世界充滿痛苦，該如何相信有美好存在？

有一次我跟幾個朋友在舊金山的示威活動中進了市中心的警局，坐在拘留所裡的我們身上多少帶著傷，所幸都沒什麼大礙。以前我們就時常因為陳抗一起被抓，所以大概都知道還要幾個小時才能出去。那時候還在讀心理研究所的我很慶幸自己沒有暴走，即便此刻我正在書寫這段過去也依舊能保持理智。

當時我們一邊聊天一邊打發時間，高談闊論自己認為世界是越來越好還是越來越糟。我的朋友艾立克相信世界正朝著好的方向前進，他說你們回想一八五〇年的世界，無處不是蓄奴與殖民文化，還有大量美洲原住民慘遭屠殺，女性的地位更是一文不值。對比過去來說，現在的世界變得更好了。我認為此話頗有道理。

另外一個朋友史蒂芬則持反對意見，他認為世界是每況愈下。他指出越來越多財富與權力集中在極少數的人手上，況且幾百年後的地球很可能都不適合人類居住了，又怎麼會是越變越好呢？話說得還真沒錯。

這種時候我多半默默聽著兩人唇槍舌戰，這樣的戰局我圍觀過好幾次，每次激辯都十分引人入勝。這兩種截然不同的觀點實在耐人尋味，我不禁想會不會兩方都是對的，有沒有可能世界同時更上層樓又向下沉淪？

一方面我也在思考，如果最後我選邊站了，那麼我立身處世的態度會不會有所不同？倘若我相信世界是一天不如一天，我會不會因此認為正向的改變都註定失敗，把所有人的努力都視為徒勞？還是說如果我相信世界漸入佳境，會不會就此覺得人們的努力都無關緊要，而變得無動於衷？

其實在示威活動前一個月，我在跟一行禪師（Thich Nhat Hanh）[1]學習禪修，當時禪師談及佛教的善巧方便（skillful means），說的就是信念如何發揮關鍵的影響力來改變你我。究竟什麼樣的世界觀會讓我變成更好的人？又是什麼樣的信念能讓我致力促進改變？

經過一番深思熟慮後，我認為不管是放棄改變或是堅持改變都不無道理，也許人類的演進確實讓我們獲得更開明的意識，但自從我們不再依靠採集狩獵維生後，我們也成為破壞的力量，舉凡人類染指的事物無不走向衰敗。興許人類既代表創造也象徵毀滅，又或者兩者都不是，然而，無論如何都不會改變我這一生的志業。

我們的世界存在著千百般痛苦折磨，除了盡力扭轉現況將美好傳承後世外，我想不到更值得度過一生的方式了。這不僅是驅使我前進的動力，更促使我跑遍世界各國的佛寺禪修，積極組織社會運動、設立非營利組織，更協助谷歌（Google）發展心理健康計畫。我期盼藉由這本書分享至今所學，盡綿薄之力幫助你我生存在這妙不可言的狗屁世界中。

1 譯註：一行禪師（西元一九二六年迄今）為享譽國際的禪僧、詩人及和平運動家，曾獲美國民權領袖金恩博士提名角逐諾貝爾和平獎。出生於越南，十六歲在慈孝寺披剃出家成為比丘，隨後赴美研究及教學，並於越戰期間返國從事和平運動，越南赤化後遭放逐海外。一行禪師在流亡期間於世界各地弘法、成立禪院，更首推入世佛教（Engaged Buddhism），主張修行不應脫離現實，而應切合社會需求。二〇〇五年禪師獲准回國，二〇一四年因中風癱瘓，現居慈孝寺祖庭休養生息。

第一章

絕望下轉變的力量

身在這可愛又可怕的世界，我不願你陷入自身的夢境，我願你做個有意識的公民。

美國作家——
塔納哈希・科茨（Ta-Nehisi Coates）

二〇一六年十一月十四日，唐納．川普（Donald Trump）贏得美國總統大選之後的第六天，我的妻子安妮夜裡因劇烈疼痛醒來，到急診室診治後發現，她的癌細胞已經轉移到腹腔，還有一顆腫瘤堵住左邊腎臟。當時她已經抗癌超過一年了。幾個小時後，安妮總算被推出手術室，身側多了一條塑膠引流管把尿液集中到尿袋。我被告知安妮往後一生都得帶著這根管子，就連三歲大的兒子來探望媽媽時，我還要告訴他千萬不要碰到媽媽身上的管子。

當時我彷彿能聽到絕望的奚落聲：「你的人生爛透了，每一件事都徹底搞砸了，你最好的選擇是去躲在角落裡抱頭痛哭。」

在那樣緊繃的狀態下，我赫然想到一行禪師講過無數次的故事。禪師是位越南籍比丘，也是一名和平運動家，我已經追隨他學習禪修二十年。這是關於一棵香蕉樹的故事。有一天，禪師在越南一處叢林打坐時看見一株幼小的香蕉樹，樹上只有三片葉子。第一片老葉已然成熟，斗大的扁平葉片呈現深綠色，第二片葉子有一部分仍蜷縮在老葉之下，第三片新葉幼嫩鮮綠，依附其下的葉身才即將要準備伸展而出。

當時正值越戰時期，許多村落都遭到炸彈轟炸，景況慘不忍睹。禪師自發帶領年輕人組成龐大的組織，協助當地村民重建家園。他幾乎每一天都和飽受戰爭摧殘而生還的村民相處在一起，也親眼見證了不少至親好友的逝去。

當時禪師人生中最重要的課題莫過於如何順從自身強烈的使命感，運用正念幫助受盡折磨的人們脫離苦海。他深知唯有透過正念才能不被絕望擊倒，但又該如何一邊滋養心中的和平與喜樂，一邊眼睜睜看著身旁的人逐漸死去呢？

這個難題一直在禪師的心中徘徊不去，直到看到那株香蕉樹後頓時豁然開朗。他驀然發覺樹上的那片老葉一心一意享受著作為一片葉子的生命，盡情汲取陽光和雨水，竭力散發出美好與祥和的光芒；儘管如此，它也不只是自顧自地追求自身的喜樂而拋棄底下的新葉，而是沐浴在陽光下滋養葉身的同時，也滋養著身下的幼葉、身邊的香蕉樹乃至身處的整個叢林。禪師認為人類也不外乎如此，人們以祥和安樂澆灌自我的同時，也是在為生命裡所有人的幸福努力。

當我看著病房裡的妻兒，可以清楚感受到他們有多麼需要我。他們其實不需要我特別做任何事，只要我陪伴在他們身邊，讓他們知道自己並不孤單，而此生仍值得一活。倘若我能延續生命的美好與喜悅，倘若我能發揮深藏在絕望之下的力量，我便能為生命的摯愛帶來莫大的勇氣。

當人生的挫折把你變成令人討厭的人

舉目環顧現今的世界，不得不說這裡真他媽的爛透了。世界上當然存在許多美好，可是關愛這片土地的我們實在很難不被暴力、貪婪、仇恨以及無藥可救的愚昧搞得手足無措。

我最擔心的是普羅大眾無所適從時該如何是好。你我用盡全力觀照守護這個世界，拒絕躲在任何觸手可及的特權背後苟且偷生，然而苦難的荼毒之深，導致我們漸失人性，最後我們不是在絕望中滅頂，就是陷入病態正義的泥淖。

美國作家兼社運人士星鷹（Starhawk）創造病態正義（toxic righteousness）一詞，形容政治論述中義憤填膺的自以為是。人們距離絕望僅幾步之遙時會用盡不知哪來的力氣去斥責抨擊，好讓自己不致於崩潰，這就是病態正義的表現。我們在病態正義的狀態下既無法傾聽反方的聲音，也不認為有必要傾聽，因為我們已經不把對方當作是人。要是有人說我們的憤世嫉俗無濟於事，我們就會築起帶刺的牆捍衛自己的立場，因為若不這樣做就只能放棄掙扎了。

終歸一句，我們要懂得應對無孔不入的深沉苦痛，才能在狗屁倒灶的世界裡保持人性。不管我的磨難是來自於我的人生、摯愛之人的生命，抑或是觀照世間產生的難受（通常是三者有份），我都務必想辦法照料心中的憐憫，如此我才不會被痛苦吞噬殆盡。倘若我無法捍衛這份惻隱之心，我便會掉進絕望的深淵，為病態正義所俘。最糟糕的狀況是躲進任何一種特權的舒適圈，不再對周遭世界釋出一絲慈憫。

一旦了解世間的困頓將如何把人們變成自己厭惡的對象後，我反而更加積極尋求保持同理心的方法。我不願意停止關懷，也不願意淹沒在憤恨與苦楚之中。我要活在當下，成為善的力量，成為一行禪師口中的香蕉老葉，懷抱喜樂與平和造福自我與他人。我絕不會任由世上任何狗屁倒灶的鳥事，來剝奪我生而為人的本性。

一行禪師改變了我

如何兼善天下而保有人性？如何修持善的覺性？要是這條路崎嶇難行該如何是好？深

陷憤恨絕望而封閉自我又該怎麼辦？我真的能有所不同嗎？

我頭一次接觸正念與慈心禪時還是個十九歲的大學生，幾乎可以肯定當時的我絕對不比現在的你好到哪去。我出生於美國波士頓，從小生活在貧窮的單親家庭，母親還是個酒鬼。我在青少年時期常常被霸凌，無家可歸也是家常便飯，而且我從來沒有見過生父。上大學後，我仍舊是滿腔怒火，仍舊是孤獨一人，仍舊沒什麼社交能力。

某天，政治學教授指定我們閱讀一行禪師的《橘子禪：呼吸，微笑，步步安樂行》（*Peace Is Every Step*），這便開啟改變我生命的契機。看完這本書之後，我馬上意識到我的人生缺乏的就是正念與慈心。想像一個十九歲少年驀然發現某種能解釋自身一切的道理，他理所當然會忘情埋首其中。我當時心醉神迷於禪修練習，每一年都會花上好幾個月與一行禪師共同修行，他在哪裡我就跟到哪裡。

經過正念與慈悲練習後，我學會覺察更多的喜樂與自得，甚至超乎我的預想。我從一個背負巨大痛苦、步步走向自我毀滅的人，變成擁有實質親密關係且內心平靜和諧的人。假如我做得到，任何人都能做到。

自然成習慣，習慣成自然

然而，改變不是易事，更不會憑空發生，唯有發心找到自我認同的信念，然後立願去實踐，改變才會真正到來。首先要讓自我與信念產生共鳴，藉由信念改變世界觀；接著在生活中實踐信念，細察信與行帶來的影響；最後，想要見證正念的成效顯著就必須刻意練習。投入的時間與心力越多，預期的改變也就越大。

經過一連串練習後，奇蹟自然會發生。原先要用盡全力的練習逐漸成為你的一部分，彷彿內化成第二天性一樣。這就好比投入大量精力學法語後，突然間發現自己口說稍微流利了，輕輕鬆鬆就能用法語交談。在生活中實踐正念就是這個道理，一旦習慣成自然，原本搞得你抓狂的情況便會有所轉變，你開始能覺察到慈悲心油然而生的瞬間，這就是堅持努力下來獲得的果實。唯有努力才能讓你不費吹灰之力地保持慈悲心。

正念跟你想得不一樣

要同時觀照世界又不為磨難所苦不是不可能。所以我們要能強化自我的覺性，讓自我既能與苦難同在，也能時時刻刻體會生之喜樂。然而，首先我們必須接受苦痛是生命無可避免的事實，不過卻不會任由苦痛把我們變得冷漠無情。我們要敞開胸懷接納一切磨難，心甘情願付出所有消除生之困厄。

一行禪師以正念（mindfulness）形容活在當下並且和生命連結的方式，不過我不大喜歡這個詞彙。許多人口中的正念都與禪師所說的意思截然不同。有人說正念是坐在蒲團上深呼吸，有人說是抽離自我去看待思緒，這跟守在無聊的電視節目前有什麼兩樣？

一行禪師所說的正念是指與世間共鳴，尤其是世間磨難，其中蘊含了一個人的慈悲、喜樂、平靜與智慧。換句話說，幫助你我在狗屁世界保有人性的正是開放、關懷與將心比心的覺性。

言語詞彙也會生病，病詞就會無法達意。遇到這種情況時，只能拋棄它或重塑它。然而，我還不打算放棄正念這個詞（至少不是今天），不過書中提及「正念」時，請記住我指的是更深刻的真實意義。

無論你想怎麼稱呼「正念」，可以肯定的是，現今世界相當缺乏這種面對沉重磨難仍保有人性（同理心）的能力，這更是你我在這世界上立身處世迫切需要的工具。所以下一個難題是如何培養正念的能力？怎麼做才能在生活中得心應手實踐正念？

我畢生致力追求這些問題的答案，我認為只要透過練習，就能發展出具體的覺性幫助你我立身處世。本書的目的是協助你維持人性，就算是在一團糟的情況下，你也能細心覺察、深刻關懷並感受與他人的連結。首先你將逐一學習不同的正念技巧，接著透過實際演練確定對你有所助益的練習，最後就是身體力行直到習慣成自然。

第二章

挖掘生命的美好

人類的愚昧與邪惡一如既往，今天又是美好的一天。

美國作家——
寇特・馮內果（Kurt Vonnegut）

每當生活陷入困頓，人們便會輕易認定世界一無是處；縱使發生好事，人們卻也無動於衷。倘若你我只看到生命的惡，勢必會感到心力交瘁，唯有學會化喜樂為動力才能與苦痛並存。

太多數的人把目光鎖定在生活的瑕疵與世間的錯誤，而導致自己身心俱疲而無能為力。其實懂得如何與苦痛共處是一門藝術，只有了解箇中真諦才能不被世界擊倒在地。這本書主要教你如何與痛苦直球對決，不過首先你得學會挖掘生命的美好，否則世界對你來說就只剩苦痛，如此一來你終將會敗下陣來。這個練習不是要你凡事都往好處想，也不是要你假裝痛苦與不公不義的不存在，這只是生而為人必要的生存手段。

生活的每分每秒都帶有無數個痛苦與快樂的因子，而喜怒哀樂多半取決於你我目光的焦點。現在請你花五分鐘列出可能會讓你沮喪的事，你應該會下筆如有神助。同樣要是請你花一樣的時間，列出可能會讓你開心的事，好比說天邊的夕陽餘暉、清脆的雨水滴答聲，或是新生兒看向你的稚嫩目光，想必這張清單也一樣會落落長。

很多人都認為只要痛苦沒有完全消失，我們就不可能快樂得起來，可是我們都知道那根本是天方夜譚。人們永遠不缺痛苦的理由，小至無法完成目標、不被別人理解，大至戰爭、貧窮、迫害與氣候變遷，諸如此類都是你我無以安放的緣由。

痛苦的原因確實存在，但那並不是重點。我們要能專注在生命此刻的美好，才能領受喜悅的滋味。這不代表否認現實世界的問題，反而說明若我們無視生活周遭的美妙將會是人生的一大悲劇。如果非得等到所有痛苦的原因消失殆盡，才願意擁抱美好的話，那我們永遠都沒有機會展開笑容。況且，如果無法攝取幸福時刻的養分，就沒有足夠的能量去改變世界。

我們可以訓練自己選擇觀照萬事萬物的角度，藉此培養發現美好的能力，而不是任由憂傷與批判在思緒裡張狂。我們必須持之以恆地練習，只要方式是正確的，你便會感到身心舒暢。記得讓自己的身與心好好欣賞天空變化萬千的雲朵，感受微風拂過肌膚的吻觸，以及身旁所愛之人的存在。

用感恩的心，享受不痛的牙齒

我們一方面訓練自己覺察生活的美好，另一方面也訓練自己去珍惜**沒事就是好事**。舉例來說，現在仔細回想牙痛找上門的痛苦難耐，你才會意識到牙齒不痛是件多幸福的事；可是一旦牙齒沒事了，我們反而忘記這多麼值得開心。花點時間去感受你的牙齒，看你能不能真正享受「沒事就是好事」。假如現在你的牙齒不會痛，那麼告訴自己：「要是以後牙痛發作，我會希望它能恢復到像現在這樣無事安好。我相信只要我的牙齒沒事，就會非常快樂。」試著從這個角度理解事情，感受這個練習對你產生的影響。

這個練習非但不會把你變得天真愚蠢，反而讓你變得理性多了，總好過你眼裡只有生活的問題，直到不堪負荷而崩潰爆發。生命的每一刻飽含著無數個可能的念頭，這個念頭可能讓生活好一點，那個念頭可能讓生活差一點；大多人都習慣只看生活惹人嫌的地方或是有待改進的一面，結果就搞得自己傷痕累累。我們應該學會平衡自己的思緒，主動去發現眼前所有的幸福因子。

練習

- 放下手上的書，利用一分鐘去感受目前生活中所有的幸福因子。
- 用紙筆記錄或在腦中思考後，將之一一條列出來。
- 若發覺自己分心或是抗拒練習，請對自己說：「我內心認為還有其他的念頭更重要沒錯，不過，此刻我允許自己用這一分鐘細察生活的美好，其餘的之後再說。」
- 好好觀照自我的感知。
- 完成練習後，如果感覺身心舒暢則可以勤加練習。練習次數越頻繁，越能覺察生活的變化。

只要活著，就值得感恩惜福

先前我提到妻子安妮的病況，當時她正在接受大腸癌第四期的治療。二〇一五年，安妮被診斷出罹患癌症，當時我們的兒子才剛滿兩歲。自此以後，我們反覆經歷安妮接受手術、進行化療、病情復發的過程，大半夜跑急診的情況更是不下數十次。

這一連串過程中最讓我難受的是等待檢查報告出爐的時刻。在診間外頭時還沒什麼感覺，一旦被叫進診間，我們總要坐上二十分鐘才能見到醫師，而這段時間才是真正的煎熬。我知道醫師隨時會進來，隨時會講出可能改變一切的話。儘管我身在診間，我的心卻隨著走廊上的每個腳步聲七上八下。

我和安妮在等待的時間裡總是牢牢握緊著彼此的手。我小心翼翼地感知自我的內心，盡量不讓自己被腦中設想的情節牽著鼻子走。我想要活在當下，好好陪伴在她的身邊。

幾週前，我們又坐在診間裡等報告，頓時一股強而有力的思緒湧上心頭，那是簡單而粗暴的兩個字：「不要！」我不要面對這個報告，拒絕接受不好的結果。當下我發現我全身上下都在抗拒，彷彿單憑意志就能改變一切。儘管我一心一意想陪伴安妮，卻還是迷失在自我的內心苦痛之中。

慶幸過去的訓練讓我及時回過頭進行正念練習。我首先閉上雙眼，全神貫注在內心猖狂肆虐的情緒風暴，隨後我允許自己去覺察並接納身心的知覺。

幾分鐘後，我忽然想問自己為什麼這麼厭惡此刻的感受？答案旋即出現：「因為我深愛我的妻子，我不希望她死掉。」這個答案不言自明對吧？這番領悟讓我的身心稍微恢復理智也感到略微踏實了點，我凝視著安妮，並感受彼此手心的溫暖。我知道我會這麼痛苦是因為不想失去她，是因為她對我來說極其珍貴。然而，那一刻，她還活在我身邊，我還有什麼好悲傷的呢？我自顧自地迷失在痛苦的泥淖，反而錯失與安妮執手相伴的時刻。如此說來，先前的憂傷思慮簡直是在浪費時間。

良善的希願往往不經意就會大走鐘。我在正念課程中時常舉一個例子。我請學生想像有個男人在開車時突然被超車，接著他把頭伸出車窗，叫罵著不堪入耳的髒話，興許還朝著那輛車丟寶特瓶。假如我們能停在那個瞬間，問這個男人為什麼要這麼做，他或許會說：「因為那個混蛋超我的車！」要是再深入問他為什麼會這麼不爽，他或許會回答：「因為這樣真的很危險，而且很不尊重人。」原來如此，所以他希望的是安全駕駛和獲得尊重囉？他應該會說：「當然。」然而，他尋求安全與尊重的方式就是朝車窗外叫囂和丟東西，這不是有些弔詭嗎？

坐在診間裡的我就跟故事裡被超車的男人一樣迷惘。在那個當下，我跟安妮存在著、活著、相伴著，安妮對我而言是如此重要，以致於我的情緒完全跟著她的存在跌宕起伏。

然而，那一刻唯一有意義的事就是慶幸我還能跟安妮相伴相守。頓時我喜極而泣，當下至少我們都活著，唯一要做的事就是感恩惜福。

最後，醫師總算進到診間宣布了一項好消息，報告顯示癌症沒有惡化。然而到目前為止，不管是好消息還是壞消息我們都聽得夠多了，就算今天是好消息，也不代表安妮的身體徹底無恙了。幾個月後，我們還是會回到同一個診間，還是一樣對醫師即將出口的話毫無頭緒。不過那是以後的事，此時此地，我們兩人都還活著，我拒絕浪費任何一分一秒寶貴的時光，這個經歷讓我學會珍惜人生的每個瞬間。

第三章

轉化痛苦，回到心中寧靜的家

毒藥也是藥。

波斯詩人——
魯米（Rūmī）

二〇一一年十月十三日，紐約市長彭博（Michael Bloomberg）表示，明天要用高壓清洗機清掃祖科提公園（Zuccotti Park），並驅離佔領華爾街行動（Occupy Wall Street）的示威份子。多數抗議人士都認為清潔公園是假，終結示威是真。美國老牌綜藝節目《週六夜現場》（*Saturday Night Live*）甚至嘲弄，沒多少個紐約客曾看到公園以前有被強力水柱清洗過的痕跡。

當晚，上百名抗議人士自發租借工業用清洗設備來洗刷公園，行動發起人則在一旁商議避免強制清場的辦法。隨後發起人便擴大號召群眾，隔天一早前所未有的人潮全都湧入祖科提公園。

當時我接獲任務，要與另一個主要組織成員妮可・卡提（Nicole Carty）在十月十四日發起大型集會。當天清晨時分，佔地三萬三千平方英尺的祖科提公園已經是人山人海。所有人不分年齡與背景，肩並著肩，冒著生命危險抵抗市長的驅離通知。現場的對峙氣氛也在警察身穿防暴衣層層包圍公園時升到最高點。

妮可和我負責完成不可能的任務，也就是串連成千上萬人響應大型集會，投身具有立即性人身安全威脅的現場。我們主要的工作是傳遞資訊，好比「如果你被逮捕了，請撥打這支全國律師公會專線」。除此之外，我們也在商議如何應對警方更進一步的行動。

我還記得自己當時站在石牆上看著底下大批群眾，看見人們臉上的恐懼與憤怒蠢蠢欲動，威脅摧毀眾人的希望，並且企圖導致集會陷入混亂。那時我再次想起一行禪師的香蕉樹，我想盡力將正念傳遞到群眾之間，竭力釋放安定與團結的能量。這些聽起來確實很正面積極，但事實上我跟其他人一樣都嚇得半死。

我深知這股恐懼來自大腦，來自它不斷設想所有可能出錯的情況，即便我的擔憂與恐懼合情合理，卻完全幫不上忙。

我讓自己緩一緩，深呼吸吐氣，接著轉向關注體內的焦慮與躁動。我允許自己徹底去感受身體的知覺，任由感官的情緒隨意茁壯，而非嘗試去干預或改變。直至三到四個呼吸後，身體的情緒變得越發強烈，過往累積的正念經驗讓我很有把握。我開始跟身體的恐懼對話：「我任你強悍，任你怯弱；我任你留下，任你離去。你的到來我無比歡迎，此刻我為你而在。」

隨著身體的焦慮與躁動慢慢舒緩，我繼續呼吸並觀照體內的知覺，敞開胸懷接納種種情緒。我告訴自己：「即便感到恐懼，你也深受關愛。你不必趕走恐懼，此刻我為你而在。」在我隨順呼吸幾次後，安定感油然而生。

回過神來，我看見自己站在大批群眾前面，對面的擴音器則不斷傳來警方的示警，這一刻我意識到，天下之大，我只想身在這裡。顯然這裡隨時會發生可怕的事，但至少現在還沒發生，而且即便我嚇得屁滾尿流也無濟於事。

接著，我反覆說道「現在正是時候」，也藉此說服自己相信「就是此刻」。隨著身體逐漸平和下來，我也慢慢聽進這番自我喊話。此刻理當是最好的時機，放眼望去滿是勇敢的人們捨棄安逸的生活，只為追求更美好的世界。我不禁讚賞在場的每一個人，我相信他們也心有所感。

二十分鐘後，我們接獲消息，彭博市長與公園管理者布魯克房地產公司決議撤銷驅離。隨後大批警方迅速解散，抗議人士高聲歡呼，喜悅鋪天蓋地而來。

如你所知，這只是暫時的勝利。約莫一個月後，警方卻在半夜裡無預警清場。然而，世事變換無常。在時間的長軸裡，任何一次勝利都只是渺小的一點，正因如此，我們更應該學習如何珍惜生命的每一刻。

面對未必能改變，但不面對就不能改變

凡事不是面對就能改變，但不面對就不能改變。

——二十世紀美國作家　詹姆斯・鮑德溫（James Baldwin）

如果想有效解決任何問題，就要面對問題，而且還要能招架得住，不過這該怎麼做呢？每當生活或世界的苦痛出現在眼前時，我們很容易陷入憤怒、批判或無助的深淵。其實我們能秉持慈悲、平和與人本的精神，發展並訓練自己正視現實苦痛的能力。換句話說，你已經擁有培養正念需要的一切，現在萬事俱備只欠練習。

「回家」（come home）是保持人性至關重要的能力。回家代表**回到當下，走出擔憂與妄想的迷林**。生活中的某些當下是妙不可言的，前一章也著重教大家如何記得這些美好瞬間；然而，生活中也有某些當下是糟糕透頂的，接下來我們將學習如何觀想生命的陰暗面，同時保持自我百毒不侵。

西元前五百多年，悉達多太子在古印度菩提伽耶的菩提樹下開悟得道。太子成為佛陀之後，繼續獨自打坐好長一段時間，接著便前往鹿野苑化度五比丘。佛陀最初向世人宣說的佛法**「四聖諦」就是處理並解脫苦難的法門**。目前有關四聖諦的詮釋各有不同，我最喜愛的是一行禪師的解讀。以下是禪師針對四聖諦的意譯：

眾生時受苦果（苦諦）
苦果定有其因（集諦）
喜樂不無可能（滅諦）
喜樂亦有其因（道諦）

巴利文（Pali）的dukkha通常在中文裡譯為「苦」，英譯為suffering（苦痛）。一般認為

dukkha原先是形容壞掉的馬車車輪。在巴利文中，車輪與輪軸完美契合稱為sukha（樂），兩者無法嵌合則稱為dukkha（苦）。如此說來，眾生的萬般苦果對佛陀而言並非錐心的苦痛，而是崎嶇的旅程。

為什麼「苦」是佛陀得道後的首要開示呢？為什麼反覆強調「眾生皆苦」呢？我認為這是因為人們多半對自己當下的感受一無所知，而遭遇狗屁倒灶的鳥事時更是如此。

以我為例，我在推特上追蹤很多社運人士，每當我看到有無辜的人又遭到警察的暴力對待時，我腦中浮現的第一個念頭就是「幹」。我真的很不爽那些一再容許這些悲劇發生的人，所以滿腦子都在想怎樣才能避免這種情況。這時候的我已然迷失在氣憤之中，渾然不知自己正在受苦。我對痛苦的不知不覺讓它將我的人性蠶食鯨吞。芸芸眾生都在受苦受難，更被苦難牽著鼻子走，原因是我們全然不知這就是「苦果」。**倘若身在苦海卻渾然不察，那就無法正視苦痛、化解苦痛。**

我們也時常能從人與人之間的衝突看出對自我受苦的無知。設想你跟阿姨在聊政治，你大概老想著為什麼她聽不懂人話。你應該不大會察覺到自我內心的挫敗和疏離，在這種狀態下，你們實在也很難互相理解。

倘若你不想再被苦難綁架，你就要開始去覺察它們的存在。唯有意識到自己正在受苦，才能妥善回應苦痛。正因如此，我們更要訓練自己時時覺察身體的各種知覺。

多數人都沒注意到自己正在生氣、難過或害怕，直到情緒已經八分滿了才後知後覺，那個時候痛苦早就佔據你我的全部。有時候人們非得鑄下大錯才會意識到自己的感受，彼時環顧四周也就剩浩劫過後的烈火餘灰了。到了那時候的我們才會悲嘆：「天啊！我剛才一定是氣瘋了。」其實我們能事先學習覺察苦的火苗，無須等它化成苦果才後知後覺，何況三分的怒氣肯定好處理得多。

無條件接受，學習和痛苦共存

有時候只是一句「別難過」，沮喪自然就會煙消雲散，可惜不是所有事都這麼簡單。有時候一句「別難過」對受苦的自我毫無幫助，此時唯有練習回家和**無條件接受**，身體的情緒才能安然舒放。

在學習與痛苦共存的情境下，無條件接受有其具體意義。這項練習不是要你接受社會的不正義、暴力或任何觸發負能量的外部問題。儘管練習的副作用是你可能會對問題產生不同見解，不過這不是我們練習的起點。此外，無條件接受也不代表盲目接受你對問題本身的看法，因為我們的看法通常都不對。**覺察身體的知覺**才是我們練習無條件接受的方式，也就是你能確定自己「胸悶而且臉很繃」的感覺，而把「那個人是混帳」單純視為看法罷了。

每當你覺察自我在糾結受苦時，請立即將注意力拉回身體的知覺。感官知覺就是你的定錨，能保護你不被捲入情緒的風暴。人們遭遇磨難時，大腦的思緒會快速變動。若想把持自我深觀來來去去的念頭，就要投入大量的訓練，反倒是提醒自己回家，讓身心專注在當下則簡單多了。

過去一行禪師遭越南政府流放，而前往法國，並在波爾多附近創辦梅村（Plum Village），努力推動正念與禪修。禪師曾分享在梅村的一段往事：有一天，他趁著風和日麗把房間的窗戶都打開，在練一會兒書法後，他決定到蜿蜒起伏的丘陵散散步。他走過森林，行過滿是向日葵的花園，忽地天空無預警下起大雷雨。等禪師回到房間後，桌子早已濕透，強風吹倒了墨汁，紙張更是散落一地。面對這凌亂不堪的房間，禪師做的第一件事是先把窗戶關起來，然後開始清理一片狼藉。

同樣地，假使身心回家後發現滿目瘡痍，首先要做的就是關上感官之窗，不再看也不再聽，如此才能專注在內心的動靜；接著就可以開始進行清掃作業，也就是練習深觀苦痛。

很多人處理情緒的方式跟我的朋友布魯斯對待宿舍一樣。在大一新鮮人的第一學期，布魯斯的房間已經噁爛到他自己能不進去就盡量躲開，最後他甚至開始睡在交誼廳的沙發上。如果你總是選擇轉移自己的注意力，忙得無暇顧及，或是避免和自身的情緒共處，最後你就會像布魯斯一樣無處安放。

我頭一次進行回家練習時，整個人完全投入到自我的心靈和身體。當時眼前的景象慘不忍睹，如同炸彈在屎尿工廠裡炸開一般。我簡直是一團糟。過去我一直避免面對我的感受，因此開始去正視它們絕不是愉快的體驗。不過我很慶幸自己沒有放棄，一直堅持不懈地練習，如此我才總算體會到生而為我的自在安放，我既能保有自己的人性，也能去面對生命的難關。說真的，我相信**此刻生命中的所有美好都是堅持修習正念的成果**。我樂於回到專屬於我的家，樂於無條件接受自我的情緒，尤其是在害怕徬徨的時刻。

接下來我會簡短說明這項練習，然後再回答相關的問題。

練習

- 覺察存在體內的痛苦。
- 專注在感官知覺，並且一一說出來，好比臉部很緊繃、腹部不太舒服、胸腔有股壓力，或者全身都十分躁動等等。
- 任由感官知覺隨心所欲地更加張狂、逐漸趨緩或毫無變化。你唯一要做的只有全神貫注感受它，並且敞開胸懷接受它的存在。

開始這項練習後可能會遇到一些變化，你只要專注感受身體的知覺就好，不要試圖去改變它們。當下的苦惱也許就會退去，如果是這樣那很好。假如苦惱仍舊徘徊不去或變得更加強烈，那麼請試著提醒自己這個練習本來就不是要趕走苦惱，而是要學習如何包容與接納身體產生的情緒，無論它是正面、負面還是中性的。

無條件接受對我有什麼幫助？

簡單來說，這能幫助我們不去厭惡自我的苦難，因為一旦我們憎恨它、反擊它，勢必會越發不可收拾。我們會開始害怕自我的恐懼、討厭自我的憤怒，或在鬱悶中無法自拔。假如生活或世界的爛事已經讓我苦不堪言，再厭惡自我絕對只會是雪上加霜。

所以這項練習的目的在於，教大家用不同且確實有效的方式來回應苦難，無條件接受體內的情緒風暴，透過具體的方式培養深觀苦果的能力，創造真正的改變。

我想能描述轉化苦果的最佳寫照是大人懷抱哭泣嬰兒的模樣。我說的不是嚴重睡眠不足、體力完全透支，還要在凌晨三點起來哄小孩的那種，我說的是有一種能讓嬰兒感到安心的抱法。再說了，如果你抱小孩的時候一副「我沒輒了，拜託你閉嘴」的態度，大概哄不了任何嚎啕大哭的嬰兒。

所以面對呼天搶地的寶寶，你會帶著無條件接受的心理。你會說：「你有什麼感覺都沒有關係，你想哭或不想哭也都沒有關係，我會徹底接受你的任何狀態。」這就是秉持平和去面對所有可能的狀況，同時你也希望自己能以任何方式幫上他的忙。這個舉動飽含關懷、慈悲與溫暖，千言萬語都是在表達：「我為你而在，我想幫你的忙」。

現在回過頭來省視自我與其他成人的關係，我們很難想像自己能在和別人互動中維持包容與慈悲。我們以為接納一個人意味著對方無須改變；幫助一個人化解愁苦意味著對方拒絕承受磨難，說真的，這些都是狗屁。人們懷抱哭泣嬰兒的方式就是**平和慈悲心**（compassion with equanimity）的原型，是可以實際化解苦果的練習，也是我們試圖透過練習培養的臨在（presence）能力。

傑出的已故神經科學家雅克・潘克沙普（Jaak Panksepp）發現，哺乳動物的大腦確實有一種構造負責表達關懷，他稱之為**關懷迴路**（Care Circuit）。關懷迴路在活躍狀態下會分泌催產素和天然的鴉片劑，讓大腦產生溫暖舒適的感覺。假如仔細觀察人類感受溫柔與疼愛時的大腦狀態，你就會發現關懷迴路在這時候變得活躍。潘克沙普透過實驗說明，無論關懷迴路是自然而然啟動，或是經由微量電極觸發，只要它是處於活躍狀態，就能大幅緩解哺乳動物體內的壓力。換句話說，學習關愛和無條件包容自身的苦痛就是直接利用人腦構造來調解壓力的方法。

平和慈悲心究竟是什麼？

假設你每次聽到壞消息就搞得自己憂心忡忡，任憑苦難傷得你無以為繼，這就是**不平和的慈悲心**（compassion without equanimity）。反之，假設你同樣聽到壞消息，你心想「對啊，這種的事每天都會發生好幾百次」，卻不認為有必要對此伸出援手，那就是**不慈悲的平和心**（equanimity without compassion）。

平和慈悲心不是天方夜譚，我們可以藉此鍛鍊自己深觀苦果的同時不受傷害。以我的親身經歷來說，培養這項特質最好的辦法是拿自己的苦難開刀，學習如何像懷抱哭泣的嬰兒般擁抱恐懼、哀傷或憤怒，一旦學會如何與自身的苦楚產生共鳴，後續也就簡單多了。當我能深觀自己的痛，我也就能細察別人的苦，把持自我不會衰頽氣餒，進而成為兼善天下的終極力量。

接納痛苦的回家練習

然而，每個人正視苦痛的能力都是有限的，如果苦痛過於沉重，我們就會被吞噬。如果這份痛苦強烈到你無法秉持慈悲化解，那就更需要小心處理，否則身心的狀況可能會變得更糟。

抱持慈心正視痛苦才能化解苦果，正視痛苦卻不帶慈心就只是反省，這反而會讓痛苦更形滋長。了解自我的極限並對外尋求協助是很重要的，對新手來說，拿自身的創傷開刀絕非明智之舉。不過，就我個人經驗來說，只要有足夠的練習和指導，就能以創傷為材料進行練習。

如果當下浮現的感受讓你非常不舒服也沒關係，也許你擁抱痛苦的能力超乎你的預期。再者，你可以觀察自己是否能發揮關愛化解情緒，還是只是任由情緒虐待自我，藉此辨別這份傷痛是否劇烈到不適合獨自練習。

面對創傷帶來的苦痛非常重要，你可以翻閱第八章〈療癒之路〉獲得更多指引。

掉進思考的漩渦時該怎麼辦？

當你嘗試回到身體的家、努力覺察存在體內的感官知覺，結果一不小心就被各式各樣的思緒、回憶和看法牽著鼻子走。這種狀況很正常，甚至可以說是意料中的事。以下是練習時可能會產生的思緒，以及對應的處理方式：

- **你想接納不愉快的感受，可是練習中突然覺得「我討厭它，我不想接納它」。**

➤ 把這種想法標記為**「抗拒」**，這是在抗拒練習的行為。請告訴自己「這是抗拒」，接著觀察抗拒的想法是否會自行消散。

➤ 假使抗拒的想法仍徘徊不去時，請用慈心與包容感化它，將心比心看待這種想法的存在。請對自己說：「你當然會討厭身體的這些情緒，這十分正常。」接著觀察身體的情緒是否能與抗拒的情緒並存。由於這些情緒本來就存在，所以就任由它們存在，不要選邊站。請告訴自己：「我允許自己感受身體的緊繃，也允許自己感受身體的抗拒，並敞開胸懷接納體內不同的聲音。」

・**練習時突然覺得「這個練習根本沒用，我真的很爛」。**

▼這種聲音標記為**「質疑」**，這是在質疑練習的效果。請告訴自己「這是質疑」，接著觀察質疑的聲音是否會自行消退。

▼假使質疑的聲音仍縈繞在耳，則試著放開心胸，將心比心看待這種聲音的存在。請告訴自己：「有一部分的我認為這個練習沒用，或許它說得沒錯，又或許它說錯了，但就算有這種想法也完全沒關係。」允許這個聲音說任何它想說的話，並且全神貫注在身體的知覺上。有時候這種質疑的聲音是在提醒我們改變練習的方式，假如能從善如流必定會有所幫助。然而通常質疑的背後只是不安感作祟，而面對不安感最好的方式就是去「關愛它」。

・**練習時突然想到「該買洗碗精了」。**

▼把這種聲音標記為**「計畫」**。請告訴自己「這是計畫」，接著觀察計畫的聲音是否會自行消退。

▼要是計畫的聲音仍舊存在，那是自己為了要確保能記住重要的事，或是想藉此逃

避不愉快的感受。假如擔心會忘記重要的事，你可以先停止練習，記下計畫的內容，或者仍堅持回到身體的家，即便各種知覺令你感到無所適從也都可以。

- **練習時陷入想像的情節，像是「我一定會被炒了」或「希望她愛上我」。**

➢把這種想法標記為**「故事」**，這是我們對未來的預想，或是對美好世界的期望。請告訴自己：「這是故事」，接著觀察它是否會自行消散。

➢假如故事仍盤踞在心頭，則請設身處地同理它的存在，但不要同意它。請告訴自己：「有一部分的我擔憂某些事是否會成真。不過，現在的我不必去想故事是不是真的，我只需要接納任何存在腦內的想法就好。」人們時不時會設想各式各樣的故事，但是抹滅它們的存在並沒有任何幫助，唯有無條件接受與回家，並專注在當下才能達成自在平和的心境。

為什麼我無法專注在身體的情緒？這個身體有什麼值得特別關注的？

我一直要大家專注在感官知覺或者身體的情緒，好比緊繃感、躁動以及沉重等都是身體上的知覺。你可能在想為什麼我不說專注在恐懼或苦痛？

一般人認為的情緒（恐懼、驚訝或哀傷等）和佛教心理學的詮釋稍有不同，後者認為情緒是由兩種元素組成，分別是「感官知覺」與「特定想法」。以憤怒為例，人們在生氣的時候，全身上下會變得緊繃或是胸口一陣燥熱，甚至雙手緊握拳頭；另一方面，我們會一頭熱去思考生氣這件事。假如你把感官知覺和生氣的想法從名為「憤怒」的情緒中抽離，那麼就一點也不剩了。換句話說，這兩種元素就是構成人類情緒的全部。

所以說，如果你選擇專注在「恐懼」而非「緊繃感」，就等於試圖要同時觀照感官知覺和特定想法，這比只專注在身體的部分還困難。其實當心中浮現各種思緒的時候，你只需要歡迎它們並且回到自己的家，細察身體的情緒就好。

談論情緒、指明情緒並且思考箇中的意義顯然對生活很有幫助。不過我認為單純專注在生理情緒的成效會更有裨益。

我覺得真的很難，怎樣才能更上手？

該怎麼做才能更得心應手？首先是要去學習然後嘗試，感覺對了就加緊練習，不過最重要的是理解並認同練習本身。

假如只是敷衍了事，便會錯失正念的真諦。你要多加思考與複習，直至練習對你產生意義。現在你能解釋為什麼正念練習對你有所幫助嗎？

在探索練習的意義時不要對自己太嚴厲，嘗試用不同的方式詮釋練習的步驟，直至找到最能打動你的解釋。這是一種了解內心的訓練，到時你將發現正念處處是驚喜。即便你已經練習了好幾年，還是要抱持開放的態度尋覓等待被發掘的精髓。開放的心胸可以幫助你我時時存在現實中，而不是耽溺於虛幻的預期裡。

假使你期望秉持慈心面對現實中的各種不順遂，你有兩種選擇：一種是被動等待困境到來，然後有意識地改變處理方式。在這種情況下，除非必要，否則你平常完全不會想到要練習。如果你選擇這個途徑，那麼應該會在五到十年內注意到生活的變化。另一種選擇是在需求出現前就不斷訓練自己，如此一來，大概幾週內就會見證實質的改變，有時甚至幾天就行。

美國神經科學家理查．戴維森（Richard Davidson）發現，每天運用三十分鐘修持慈悲觀，持續兩週就會對人類的行為和大腦的生理機制帶來巨大改變。假設無法每天擠出三十分鐘，也可以選擇一天花五分鐘（一次五分鐘或者分次達到五分鐘皆可）訓練自己。如果你真的覺得這對你來說非常重要，應該就能設法擠出三十分鐘。

學會用不同方式應對痛苦的最佳練習之道是找個安靜的地方，開始回想痛苦的經歷。這份記憶的苦楚不必非常強烈，不過要能讓你感覺到它的存在；仔細描繪出煎熬的經歷後，請用關愛與包容去擁抱它，接著就是練習見真章的時刻了。

練習的時間與精力越多，越快能感受到它的作用，最後你會發現自身的觀照多了些清明，應對也多了點善意，以往會觸發負能量的經歷已然有所轉變。痛苦的感受會隨著每一次的練習逐漸成為制約身體的鐘，當你聽到鐘聲一響，便能立刻想起要讓自己回到身體的家，專注在體內的情緒。

練習時需要改變自己呼吸方式嗎？

練習時不用想太多，如果你樂於專注在自己的呼吸上，那也是一種感官知覺，屬於練習的一部分。不過你不必特別改變自己呼吸的方式，怎樣都好，沒有什麼多大的問題。

要是練習沒效果該怎麼辦？

請試著將練習視為訓練自己接納壓力的能力，重點不是把壓力趕走。想像你的朋友正處於人生的低谷，他需要的是有人傾聽他的煩惱，而不是建議，你只要表達關懷就好，這時候你會如何傾聽呢？

想像在聽他吐苦水的時候，你滿腦子都是「我就看你要說到什麼時候」，這種想法勢必會讓任何一方都覺得不舒服。換個角度想，如果你的態度是「我想了解你的經歷，我在乎你是不是幸福，而且我相信你有能力處理好這一切」，那麼事情就會有一百八十度的轉變，這就是我們正在學習的正念練習，也就是秉持開放、真誠、關懷以及信心去傾聽自我的痛苦。

你偶爾會覺得這個練習毫無用處，這是因為你沒有真正去接納身體的痛苦。儘管你感受到它的存在，也向它表達你的包容，不過卻不真誠。倘若你有任何一絲厭惡，就不要假裝這種感覺不存在。正視你厭惡的痛苦，並且練習去接受這個感覺。

最後是想辦法樂在練習。我們試圖去觸碰的顯然是負面的能量，不過如果我們成功用關愛與包容感化它，至少會從中感受到一絲甘甜。倘若你沒有嚐到「甜頭」，或許你該讓自己休息一下，先轉向聚焦在生活的美好上。

假如有慢性疼痛等毛病，比較難練習怎麼辦？

目前有超過四十年的研究數據證實，正念練習有助於減緩慢性疼痛。舉例來說，燒傷患者經過八週的正念練習後，主觀疼痛的感受會減緩百分之四十至六十，足見正念練習確實有成效。

我們要嘗試去覺察痛苦的知覺，而不是去憎恨它。可以的話，請把它當作是**感官知覺**而非**痛苦**。要是某一部分的你就是無法自拔地厭惡它，那就敞開雙臂歡迎這份厭惡，試著同時去感受兩種知覺，而不要選邊站。請告訴自己：「我感覺到膝蓋的疼痛，也感覺有道聲音吶喊著厭惡這股疼痛。我允許它們留在體內，也允許它們隨意離去。我為你們而在，我明白你們都在受苦，我愛你們。」

我們希望自己能保有人性面對人世間的爛事，問題是我們每一次的關懷和在乎，只換回遍體鱗傷的自己，所以這項練習的目的就是要幫助我們去擁抱苦痛、轉化苦果，即使世界每況愈下，我們也能與它同在。

即使正念練習的好處有極限，我也不相信誰曾逼近那個極限。光是看我就好，這個練習就讓一場糊塗的我，變成現在這個至少有點像樣的人。不過我相信正念的力量絕不僅止於此，我們投入越多的精力去覺知和轉化自己的苦難，我們就能減輕更多的負擔、找回更多與世界的連結。以我來說，我發現一點點的付出便能換來一點點的自在，那麼徹底的付出就能換來徹底的改變。

第四章

你才是療癒痛苦
傷悲的唯一關鍵

靈魂超乎自然、異常出色、絕頂聰慧的仁慈啊！

美國詩人 ——
艾倫・金斯堡（Allen Ginsberg）

我提出一個假設，大家一起來看看：「你現在的人生是如此美，但轉瞬間便會挫敗得一塌糊塗，令你難過地痛哭流涕。」

這只是個假設，然而是否真是如此，還要經過驗證才行。不過先容我分享一段故事：

我和維克第一次見面時他才剛出獄，維克快七十歲了，他有四十八個年頭是在監獄裡度過。當時維克的一雙黑眸直盯著前方的地板，接著他總算開口說話，他說自己找不到活下去的理由。

維克一說出口，我下意識就想說服他不要放棄人生。其實傾聽有自殺念頭的人表達內心是很煎熬的，因為傾聽者要直視對方的痛苦。當下的我非但沒有試著去傾聽和理解，反倒湧現一股想立刻反駁的衝動，急著想告訴他這樣想是錯的，他應該要換個角度看待生命。

事實上人類想躲避痛苦的欲求十分強大，我們甚至願意付出一切來逃避苦難，所以當時我的內心極力想避免實質的交流，只為了躲開維克背負的無限痛苦。多虧老師們傳授的正念練習以及大量的訓練，我才能在當下覺知並按捺這股衝動。

我告訴維克我想了解他的故事，他帶著一絲期盼的眼神看向我。「我的人生整個都毀了，我也已經做好自我了結的準備了。我這輩子只會傷害別人，而且傷害過好多人，我恨自己為什麼這樣做。我不想再有這些感覺了。」維克說。

我不知道該怎麼辦也無話可說，所以我只能設身處地思考維克的境遇，想找到我們共通的人性，藉此與維克有所連結。我理解那種充滿悔恨、無助，還有迫切需要出口的感受。那種經歷就像體內的器官企圖衝出來，真的很煎熬。此時此刻，一個人最想逃避的就是關注自我的感受。

然而，多謝生命的殘酷無情和荒謬無常，我老早就學會越是處在痛苦的當下，就越該關注自我的感受。每當我們試圖逃避感受時，就說明這正是該轉變態度，直視內心極力逃避的事的時候了。

「既然我們現在正在對話，那是不是表示你也許不想討厭自己，但是你又不知道應該怎麼做才好？」維克眼眶噙著滿滿的淚水直視著我，然後點點頭。

維克坦承說：「我做了很糟糕的事，」而當時我內心的OS是「我也是」，神奇的是他的臉上閃過一抹淡淡的微笑，我想他大概是猜到了我的心聲。我問他是從什麼時候開始走偏的，他說自己大概是從十四歲的時候開始惹事生非，不只和毒販鬼混，還四處欺負社區裡的人。「在那之前，我是個好孩子，從沒惹過任何麻煩。」

我不禁開始想像一個向來循規蹈矩的十四歲男孩，到底是什麼原因讓他跟那些不良少年廝混。「你能回想自己十四歲的時候嗎？大概是你開始和那些人玩在一起的時候。」維克閉上眼、點頭。我問他，如果可以的話，想對十四歲的自己說些什麼。

「你以為一心想當老大很好玩。有夢想很好，不過你完全不知道會有什麼樣的下場。你想當老大的結果，就是一輩子被關在監獄裡！我現在知道了，相信我！千萬不要去做！你知不知道最後會怎樣，這跟你想的不一樣。看看我的人生！」維克哭了起來，「你需要的是有人做你的榜樣，告訴你怎樣才能成為你理想的樣子。這些人不是你的朋友，他們最後不是死掉就是比死還慘。你需要的是真正了解人生的大人！」

語畢，我們安靜了一會兒。最後他開口說：「嘿，這個感覺很痛快，不過已經來不及了，當時沒有人跟我說這些事。」維克的感想是如此真情流露，著實震撼了我。

「現在你住的地方有多少個十四歲的少年？有多少人就快步上你的後塵？」我問道，維克瞬間領悟，他的神情從痛苦與憤怒轉而充滿目標與決心。

「你說的沒錯！我已經瞭解他們現在還不懂的事情了。他們不是想傷害別人，就只是傻而已。他們想體會當大人的感覺，但他們不知道該怎麼做。我知道自己可以做些什麼了！」

維克安靜了一分鐘後繼續說：「我原本聽不懂內心的痛苦在說什麼，我真的好痛苦。現在我知道了，它想說我還有更重要的事要做，只是我原先太迷惘了，完全不知道該怎麼辦。現在我終於知道了。」

最糟的你仍然無與倫比

我的假設是：「細察你的一舉一動與所思所感，你會發現它們出乎意料地動人。」現在我們要來驗證開頭的那個假設，那麼應該怎麼做呢？如果說我能帶領你進入驗證的流程，讓你發現自己做過最糟糕的事完全變得不那麼討厭了，你覺得如何？如果真的成功了，至少會成為這套理論的佐證之一。

現在就開始吧！請回想人生中徹底被你搞砸的一件事，也就是讓你後悔莫及的事。回想那件你巴不得自己沒做過、或者是該做卻沒去做的事，回想你帶給自己和他人的痛苦。

確定一件事之後，我們要開始研究你為什麼會那麼做，反其道而行去挖掘那個令你煎熬的自我。那個時候你在想什麼？你想避免什麼不好的事？你認為當下自己是處在人身或情緒的威脅中嗎？你嘗試達到什麼目的嗎？你覺得當時那樣做會比較開心嗎？還是這可以幫助你獲得什麼重要的東西？你在選擇的當下認為最好的情況是什麼樣子？

有一種方法能讓我們了解至今所有毀滅性抉擇的前因後果，幫助我們轉化痛苦的回憶，將羞愧的遺毒變成強壯你我的養分。不管你是無心或刻意傷害某人，如果你能深刻清晰地梳理行為背後的思路，你將會更慈悲地對待自我和他人，成為一個更好的人。

所有的行為，都是為了離苦得樂

這個轉化痛苦回憶的方式其來有自，紮根自現代科學研究的人性理論。這套理論側重兩個主要的問題：首先是動機是什麼？其次是人類如何化動機為行動？

首先從第一個問題著手。我相信人類的思維、感受與行動受到欲望驅使，而人類的欲望就是**避免痛苦**和**滿足需求**。事實上演化心理學家從科學的角度也很難再提出其他動機了。

假如你試圖從趨利避害以外的動機來解釋演化，反而會站不住腳。我們看到飛蛾撲火時不會覺得「飛蛾一定很討厭自己」，而是會想「也許牠是以光源作為定位，只不過被人工光源誤導了」。我們假設飛蛾具有以生存為目標的動機，只不過被外在環境搞糊塗了。順帶一提，昆蟲學家也未必知道飛蛾撲火的原因。儘管如此，我們還是會往好處假設。既然如此，為什麼人們無法運用同樣的道理來解釋自身的行為呢？人類就比飛蛾還不如嗎？

假如我知道怎麼滿足自我的所有需求，而且讓生命中的每個人都幸福快樂，那我早就去做了。這就好比我們假設如果飛蛾知道交配後不會死的方法，那牠早就這麼做了。誠如維克所說，問題在於人類就是蠢，而且人類的蠢似乎是大腦機制勢必會造成的後果。

過去很長一段時間，科學家只能透過不同的腦部外傷觀察大腦的運作，還有傷勢對人類和動物的影響，可是這種研究方法顯然不大有效。後來，大腦斷層掃描的技術問世，我們總算可以觀察大腦迴路在不同情境下的活躍狀態。不過這個方式也有極限：即便你可以掃描筆電的電路板，觀察電子訊號的切換和傳輸，但你還是無法真正了解筆電的運作方式。

人工智慧與機器學習在近年逐漸發展，它們最大的貢獻就是讓人類知道我們的大腦是怎麼回事。計算神經學家把現有的大腦理論製作成電腦模型，然後測試這些模型如何反映大腦的運作。

大腦主要的功能是建立世界運作的模型，這是目前計算神經學界最盛行的理論。世界上所有生物都要能覺察環境，並且想辦法回應環境，就算這個生物沒有智識，只會覓食和進食也同樣如此。如此說來，生物必須從原始的感知資料歸納出不同模式，並且針對不同模式描繪出現實發生的情景，譬如青蛙感覺飢餓後，發現有蒼蠅可以捕食。接著，最重要的是生物必須建構出一個能反映行動如何影響環境的模型，譬如青蛙要知道舌頭必須上彎到某個特定的角度，才能捕捉到蒼蠅。這個模型也會決定生物的一舉一動。

那麼，如何運用這套理論來闡釋人性呢？這套理論最重要的主張之一是，人腦建構的模型來自過去覺察的經驗[1]。換句話說，人類活著就是戴著名為「過去」的鏡片去看待現實嶄新的經驗。

我們現在知道基本演化理論認為人類的行為都具備生存動機（雖然有時候會被外部環境誤導），而且人類的大腦是建構模型的機器。綜合前述兩點，我們會得出以下的人性運作流程：人類行為的判準是設法讓自己活下去，而且只會產生最少的痛苦，可惜我們通常不知道該怎麼做，所以只能根據解釋過去環境的瑕疵模型，去盡力面對現在身處的世界。

倘若你能找到方法覺察逆境中的美好，覺察生物的美在於真心，在於明明衷心期盼皆大歡喜，卻毫無頭緒該如何實現，那麼你自然會產生慈悲心。不管你做了什麼讓自己後悔不已，你能不能嘗試去看見或許那只是為了滿足某些需求？現在請想像你回到那個當下，假如你早就知道如何在不傷害任何人的前提下滿足自身所有需求，可以避免任何痛苦或填補任何欲望，你會不會從善如流？如果答案是肯定的，請試著對自己說：「我跟其他人一樣，我希望生命中的每一個人都能盡量免於苦痛、盡量享受幸福。但我也跟其他人一樣，不知道如何實現這個期盼。」默念後的感覺如何？你是否能看見不完美的美了呢？

和痛苦共處，就能發現愛的存在

不完美的美是艱難時刻的救生圈。那時安妮才剛從醫院回家，一開始她也是在夜裡不適所以去了趟急診室，沒想到這一待就是七天。過去一週，我白天在醫院照顧安妮，看著她的身體努力承受難以忍受的疼痛；夜裡舟車勞頓回家照顧兒子，哄他入睡。我每一天的生活都是付出所有的自己，然後看著自己無法保護所愛之人免於苦痛。那七天真他媽的苦

1　有些模型確實來自遺傳，不過我們能將其視為這是祖先的大腦面對類似環境時歸納出的模式。

不堪言。

當下，我能覺察到體內的創傷，因此我暫時停止寫作，停止手邊所有的事。我允許自己放下綿延不絕的執念，停止糾結在喜樂與幸福，還有和你分享這本美好的書。我讓我的心回家，回到此時此刻的當下。那時的我跟狗屎沒什麼兩樣，我覺得自己疲憊不堪，全身都很緊繃，整張臉皺成一團，而且突如其來的一週長假讓我的寫書進度嚴重落後。這就是當下，實實在在的此刻。我不必喜歡當下，我需要的是承認這就是此刻真實的模樣，然後直接了當地面對它。

我的呼吸逐漸緩了下來，接著我全神貫注在體內不愉快的感官情緒，專注壓在心頭的那塊大石頭還有腸胃的噁心感。不知哪裡來的勇氣，讓我儘管百般不願意，但也能感受到這些身體情緒，我告訴自己：「你現在有任何感受都完全沒關係。」有股抗拒在瞬間爆衝上來，吶喊著我此刻不想感受這團烏煙瘴氣。

此時我轉向人性的理論求助。那道聲音吶喊著要我逃離痛苦，那是許多冥想老師會叫你無視的聲音，但是我的作法是把注意力完全轉向那道呼求並回應道：「我知道你不想受苦，你只想安全安逸地生活，你跟美妙的世間萬物沒有不同。我也想幫助你得償所願，我就在這裡對你伸出援手。」這些話就是我的真心，沒有一絲欺騙。

抗拒的聲音漸漸變小，我與自身建立了信任。隨後我回頭來專注在身體的苦痛，明確表達它能隨心所欲增強或變弱。我直接與緊繃感對話：「我知道你很痛苦，我為你而在。我想好好傾聽你的聲音。」我的呼吸變得緩慢且深沉，身體的緊繃也慢慢消退。

有時我的思緒遊蕩不止，直到下顎的緊繃感加劇才讓我回神。我不覺得在練習中分心有什麼丟臉的，我只知道心中的痛需要我的關懷，而我已經重新回到這裡來幫助它。我告訴自己：「你希望保護所愛之人永遠免於苦痛，你的渴望是美好的。儘管你做不到卻希望自己能幫上忙，這份無能讓你備受苦痛。然而，現在我只看到你全身都充滿愛。」

當我開始欣賞苦痛的美，它便會開始轉化。我感覺整個人變得輕盈了，臉上的緊繃也舒展開來了，幾乎也能再次綻放笑顏了。我越是專注在此刻的呼吸以及感官知覺，就越能聚精會神。我擁抱的渴望與痛苦變得越來越縹緲，感覺身體如釋重負。最後我的下顎放鬆了，我的心輕巧多了，我再一次回到身體的家。現在我只感覺到自己對生命所有正向的因子皆帶有無限的感恩。

第五章

相愛相殺的人際關係

相親相愛也許是生而為人最困難的任務，更是一項終極的考驗，證明人類畢生所有的努力都是為此做的準備。

德國詩人——
萊納．瑪利亞．里爾克（Rainer Maria Rilke）

原則上人類實在很不會跟彼此相處，從一對戀人的相愛相殺，到數千名社運人士的各持己見，這類的情況比比皆是。照理說，人與人的交流不應該這麼困難才對啊？我告訴你，事實就是這麼難。

難如登天的相處之道背後有著各式各樣的原因，不過大多都得回溯到人類與生俱來感知威脅的模式。舉例來說，你在安全無虞、開心幸福的時候看誰都會很順眼；反之，你在受苦受難，特別是害怕的時候，周圍的人自動會分成兩種，一種是順你心意的人，另一種是惹人厭的眼中釘。

換言之，當你的血液充滿皮質醇和其他壓力荷爾蒙時，看誰都像混蛋，除非對方凡事都照你說的做。這種狀態下實在很難化解雙方的衝突，因為人類是相當難妥協的。反之，這種時候如果你能優先覺知痛苦並轉化痛苦，就能幫助你從中解脫，之後再思考該如何解決問題也比較輕鬆。

與麻煩人物打交道的共情溝通法

在佔領華爾街行動期間，祖科提公園的另一頭有一群鼓圈（drum circle），[1]二十四小時不間斷地打鼓。我恨那個鼓圈，而且不只我，附近住戶也一直在抱怨這個噪音。之前有些人試圖在公園協商，不過雙方幾乎聽不見對方在說什麼。儘管如此，鼓圈的人還是拒絕停止演奏。

最後，我們選在附近的咖啡廳開協調會，當時住戶、抗議行動團體和鼓圈各派一個代表參加，我負責當其中一個的調停人。鼓圈的代表是吉姆，他解釋很多鼓圈裡的人在紐約本來就是無家者，而且大家在抗議之前老早就在這裡打鼓很久了，他們才不爽那些人到這座城市來對他們指手畫腳。

女性住戶代表則發言表示鼓聲太吵，導致小孩在家都沒辦法做作業，此時吉姆卻大聲

1 譯註：鼓圈起源於六〇年代末的美國，是指任何一群人圍在一起演奏手鼓和打擊樂。鼓圈沒有任何技巧或年齡限制，只要能以任何形式發出聲音並加入其中，便是鼓圈的一員。

咆哮，罵她是「附帶傷害」[2]想藉此打壓鼓圈，還說社會革命沒她說話的餘地。抗議行動代表則希望住戶也能為活動發聲，況且她也是「那百分之九十九的人」[3]。吉姆轉而對抗議行動代表大呼小叫，說他根本不在乎那百分之九十九的人，現在他在這裡也是為了他自己。

這場協調會就是許多社會運動的縮影，反映出眾多社運搞砸的原因。從大局來看，這些人應該是盟友才對，既有具備革命氣質的無家者，也有一群深刻關懷貧富差距的有志之士，儘管彼此有許多共同點卻吵得不可開交，任憑最無法穩定情緒的人主導整場討論。

吉姆的叫罵聲使得咖啡廳其他客人紛紛走避，眼看店長就要把我們都轟出去了。我很想叫吉姆閉嘴，老實說我對這場協調會也不抱什麼希望，覺得大概也沒辦法解決什麼問題。還有，我真的很不爽吉姆的行為，我怕他會導致許多人的努力付之一炬，我實在沒辦法把他當作好人。

可是我的身分是調停人，我捫心自問：「我真的做得到調停嗎？還是乾脆起身走人？」手足無措的我讓自己先抽離這場爭執，專注在身體的感官知覺。我立馬注意到臉上和胸口強烈的痛楚，並告訴自己：「你只希望大家好好相處，這個念頭很好。你希望這次的示威能大功告成，你害怕自己幫不上忙，所以才會覺得受傷。」我用一分鐘去覺知這份痛楚，並且放下要控制這場調停的執念。我必須接受，無論我有多希望調停會後有個具體成果，這都不可能會發生。

世界上最挫敗的事莫過於意識到自己無法掌控他人，就是這麼簡單且真實。儘管我心心念念協調能圓滿落幕，看似都不可能了。我之前一直拒絕接受這個事實，拒絕的念想便助長了心中的憤怒。然而，敞開胸懷擁抱自我的痛苦後，我便能深刻清晰地觀照當下。

我開懷迎接無助感後，反而看見不一樣的吉姆。對於企圖掌握協調會的我而言，吉姆不受控的行為猶如芒刺在背；然而當放下這般執念後，我才清楚看見吉姆的處境，看見他的存在長期被踐踏，看見他眼裡的痛苦和畏懼，此刻我的心為他而開。

我一改之前在會中的神情，以截然不同的表情看著吉姆，低聲叫著他的名字。「其他人我不知道，不過我很開心你這麼在乎這個世界，努力想讓這裡變得更好，而且開口要求

2 譯註：附帶傷害原先指軍事行動中遭受波及的非目標群眾，後來引申為當事人將問題加諸在無關的第三方身上，導致第三方成為當事者雙方砲火下的犧牲品。

3 譯註：「我們也是那百分之九十九的人」（We are the 99%）為佔領華爾街行動的口號，最早可回溯至英國作家喬治・歐威爾（George Orwell）寫給每日電訊報的信，諷刺社會金字塔頂端的富人不懂民間疾苦，表示「那些人永遠不會知道其餘百分之九十九的人的存在」。

應有的尊重。不管這次會議的目的是什麼，我希望所有人都能以創造正向的改變為前提，並且百分之百尊重你和鼓手。」在場的每一個人趕忙點頭並看著吉姆，他笑了然後跟著點頭，我在他的臉上彷彿看見了一個擔心受怕的小孩。隨後會議的氣氛也改變了，一週後我們一致同意，鼓手每天在公園能演奏兩個小時，其他的時間則在城市遊行表演。

面對衝突的三種方式：疏離、主導與對話

儘管最後能成功解決問題，但一部分的我還是很討厭花這麼大的精力去化解衝突。我內心裡的聲音大概在說：「要是人類沒那麼愚蠢蠻橫，我們就能專注在改變世界，而不是浪費時間討論他們的鳥事。」我想多數人都能理解這種挫敗感吧。

解決衝突雖然非常麻煩卻至關重要，因為不解決反而更麻煩。我認為面對衝突主要有三種方式，分別是疏離、主導與對話。

人際關係不可能零衝突，所以發生爛事的時候，我們的第一個選擇往往是抽身走人。我離開過很多工作、團體和關係，我多半都不後悔，可是如果我們只會用逃避的方式來面

對衝突，最後就可能會變得非常孤獨。

第二個選擇是贏者全拿的主導模式，也就是一個願打一個願挨。有時候雙方非得大打一場才能分出勝負；有時候雙方會自動代入自己的角色，主導的負責主導、被支配的負責被支配。主導模式通常意味著只有贏家的需求比較重要，而輸家怎麼想則無關緊要。

對話是處理衝突最複雜的方式，這代表過程中每一個人的需求都一樣重要。我們未必知道如何讓所有人滿意，但是我們會盡力去嘗試。對我來說，對話的關鍵在於每一個人都盡可能待在同一陣線，設法滿足最大的需求，而不是各說各話。對話是共同找出解決之道，盡量滿足我們的集體需求。

聽起來或許很不切實際，不過事實並非如此。其實只要經過訓練，你也能學會如何與他人連結，即使對方很難溝通。對話確實不簡單，有時候也不一定管用，但是對話絕對比你想像的還更能有效改善狀況。

批評與要求是人際劇毒

人們在爭執當下會暫時看不見對方的人性，對方會頓時變成我們不需要的障礙物、暴君。假如我們能在當下保持人性、保持交流呢？假如我們能理解彼此沒有不同，都只是想竭盡所能趨利避害呢？假如我們能重視對方的福祉，而且無須徹底抹滅自我的堅持呢？換言之，雙方的需求對我們來說一樣重要，就算我們都不知道應該怎麼辦也一樣。

對我來說，這就是對話的本質。不是每一個人的需求都能獲得滿足，也不是每一個問題都能迎刃而解，然而我們可以選擇處理衝突的方式，**讓所有人的需求都獲得尊重**。也就是說，衝突真正的意義是尊重每一個人的需求都同等重要。假如我知道你跟我一樣在乎我的需求，我就能容忍我的需求有可能沒辦法百分之百獲得滿足。

批評

可惜對話模式中有堪稱兩大劇毒的障礙，那就是**批評**和**要求**。**批評**就是所有的負面批判，不管是針對對方或自己。不公允的批評是劇毒，合理的批評也一樣傷人。你的批評是不是千真萬確根本不重要，因為只要是批評，就會毀了展開實質對話的可能。

另一種思考批評的方式是不要當一個毫無需求的活死人，而是去了解批評背後的能量是尚未被滿足的需求。假如你能專注在雙方的需求，而非「對方是個阻止我得償所願的爛貨」，那麼彼此就有可能展開對話。假如兩個人的需求都佔有一席之地，那麼就能發展真正的對話。我所說的批評會妨礙對話，並不是指我們應該忽視或減少自己的需求，因為那樣是服從而非對話。

有時候有些批評完全合情合理，不過這也是慘事一件，不會有什麼好結果。追根究柢，正當的批評之所以慘是因為背後其實想表達的是：「我恨你一副感覺我的需求不要緊的樣子」。每當我們透過批評表達需求，對方就更不可能懂得欣賞我們的需求。

想像你做了某件事冒犯到同事，有可能是誤會，有可能你真的就是白目，不過這都不重要。請試著思考如果有人滿臉鄙夷罵你是混蛋，你會怎麼做？反之，如果對方是說：「我希望你能尊重我，但是現在我不覺得被尊重。你可以幫助我了解為什麼你給我這種感覺嗎？」你又會怎麼做？後者就是直接表達需求的例子。雖然直接表達需求未必會換來正面的回應，不過肯定會大大提升這個可能。

要求

對話的另一個劇毒是**要求**，也就是要求對方做某件事，否則就給對方苦頭吃。要求之所以會使情況加劇有不同的原因。我們要求對方時會希望對方是出於同樣的意願所以照做。假設我想請朋友來機場接我回家，對方卻是翻了翻白眼，帶著猙獰的表情同意，那種感覺會很差。我肯定會希望他面露喜色說：「好啊，我很樂意去接你。」

基本上當我們開口就是要求，對方勢必不會滿心歡喜地回應。他們可能會拒絕，也可能是被迫讓步，不管怎樣，只要我們提出的是要求，就很難讓自己得償所願。

要求跟批評一樣，背後都有尚未被滿足的需求。想像我對你說：「我已經去機場接你三次了，但你一次也沒來載過我。」顯然我想要有人接送，但我真正希望的是什麼？我內心深處希望的是你是心甘情願地來載我，不過我擔心這樣說不會成功，所以我認為唯一能讓你幫助我的方法就是威脅你。「如果你不來載我，你就是壞人、壞朋友，你要為此付出代價。」

避免要求的方式是盡量讓對方能安心拒絕你。舉例來說，我可以說：「我從機場回家的方法很多，不過我最喜歡的是你來載我。」我讓你知道你有機會幫助我，而我也喜歡跟你一起回家，這句話背後的意思便是：「不要擔心我會責怪你，所以你才照做，我希望你是樂意去做。」

我們都會害怕對方的幫助只是為了求取回報或恐懼有不好的後果，不過事實並非如此。讓他人享受付出的祕訣是學會欣賞自己和對方的需求。假如你自己都覺得你的需求是負擔了，別人很難會有不一樣的看法；反之，假如你提出要求時能確保自己尊重雙方的需求，那就比較有可能如願以償。

滿足彼此內心需求，溝通不卡關

對話的訣竅是覺察兩大劇毒背後未獲回應的需求。假如你發現自己正要提出要求，或者蠢蠢欲動批評自己或某人，記得先深觀其中還沒被滿足的需求。當你覺察它，請試著去看見箇中的美好，然後再由此展開對話。

我向妻子安妮求婚的過程就是對話化解衝突最強而有力的例子。當時我們走在金門公園（Golden Gate Park）一側的鍋柄公園（Panhandle Park），我輕聲朗誦親手寫的詩，接著單膝下跪開口求婚，她給我的回應是「謝謝」。

我不太確定她這句「謝謝」是什麼意思，兩人再進一步討論過後，我確定安妮的意思不是「我願意」，比較像是「現在還不是時候，以後再說吧」。那時候我們一起住在環境教育中心旁的兩房露營拖車，我必須老實說，後續幾週我們之間的氣氛都不太好。

我整個人爆幹傷心，感覺自己是熱臉貼冷屁股。我不斷問她還需要想清楚什麼才願意嫁給我，但她一直說不清楚，等待的時間越長，我越堅持要她說個明白。我告訴安妮：「如果妳還不知道，那請妳一個人花時間想清楚。」我當時真的是又絕望又無奈。大約六個月後，我再度問她想法，她則是畏畏縮縮又模稜兩可。

直到最後，安妮說：「我覺得你給我的壓力越大，我越難回答你。我也想給你答案，但我不希望是因為你逼我，所以我才回答你。」聽到這番話後，我整個人火冒三丈，身處水深火熱的我只是要個明確的答案，真的有這麼難嗎？

從我的角度來說，我一直設法讓安妮了解，她的態度越是含糊，我越是感到受傷；然而，從安妮的角度來說卻不是如此，她覺得我是在「要求」，而「要求」會破壞我們之間的連結，因此我花了一些時間，仔細思考應該怎樣直接表達我的需求。

首先我必須找出內心的需求是什麼，所以我展開這項思想實驗，捫心自問「如果我有魔法可以徹底控制現在的狀況，我想做什麼？」答案是，我希望安妮可以清楚表達她的疑慮，我們才能一起解決；接著我又問自己「為什麼這樣做會讓我心情比較好」，這也就是在問「什麼需求會獲得滿足？」答案是「連結」。我會覺得自己在這段關係感到更踏實也更加投入其中，但主要是想在這段關係中更有安全感。

我理解自身的需求後必須設法讓安妮知道，並且尊重對方想要自主的需求。我盡力向安妮傾訴一切，像是「我擔心會失去這段關係，但我不知道該怎麼說才能讓妳覺得保有自由」。安妮回覆她也很害怕失去這段關係。聽到這番話後，我簡直無法控制自己，硬是使出渾身解數才把持自己不要大吼「那就想清楚，然後告訴我妳的需求！」我希望安妮能了解我的需求，同時用自己的方式自在地回應我的需求。我說：「原來我們都很重視這段關係，也都很害怕失去這段關係。」說完我就沒再多說什麼了。這就是潛藏在要求之下的需求，我總算開誠布公說出來，現在雙方的需求，也就是「我渴求連結，她渴求連結與自主」都攤在陽光下了。

接下來一週，我小心翼翼不對安妮指手畫腳，我終於能欣賞她對自主的需求和重視。我也不希望伴侶覺得受到我的掌控，因而厭惡我，我希望她能自由自在地做自己。之後每當我感到不安，我就會明確表達出來，藉此提醒自己對方渴望自主的需求與我渴望連結和踏實的需求同等重要。

結果，安妮當周便切實說出三個結婚的顧慮。我們開誠布公討論後共同決定攜手走進婚姻。所以我再走一次求婚的流程，這次終於聽到安妮明確地說「我願意」。我好感恩我們兩個人能找到方法重視雙方的需求。

這個故事告訴我們，要求和批評不僅止於說者是否有心，更關乎聽者是否有意。有些人就是優秀的傾聽者，無論別人說什麼都能聆聽對方的需求，像我只會大吼大叫「幹」，但他們不一樣，他們會說：「我了解你希望受到尊重，那我要怎麼做才能讓你有被尊重的感覺？」反之，有些人不管你說什麼，他只會聽到批評和要求，你可能只是說「很高興你能來參加派對」，他們卻會回應：「沒問題，你隨時要我走我就走。」

我覺得很多名為「溝通技巧」的東西應用到實際生活中都會變得怪怪的，不過接下來我要提供你的「溝通技巧」超讚！

史上最讚的溝通技巧

第一步：覺察對話

- 任何時候覺得對話內容不太對勁時，請先用一分鐘思考自己說出口的話是批評還是要求。
- 假如確實是批評或要求，則請仔細思考背後未獲滿足的需求，並且在心裡說出來。
- 想像對方樂意滿足你的需求，而且他能以自己的方式自在回應。
- 嘗試直接表達你的需求，而非批評或要求。

第二步：面對負面回應時，再次確認對話

- 假如對方依舊給予負面的回應，你可以這麼說：

➤「我好像沒有表達清楚，可以請你告訴我剛剛我說了什麼嗎？」

重點是，不管你剛剛說得有多清楚，你都要這樣告訴對方，這樣不僅能讓對方直

抒胸臆，你也不會一副高高在上的樣子。

➤對方可能會說出自己聽到的批評或要求，或許是來自對方注意到對話之外的實際舉動，也有可能完全是對方自己的設想，但這些都不重要，仔細聆聽對方的回答就好。

➤聽完後，告訴對方：「很抱歉讓你覺得我有那個意思。可能我不太會表達自己，其實我想說的是〔直接說出你的需求〕。你認為我現在說的有不一樣嗎？你覺得你剛剛聽到的是什麼意思？」

➤反覆進行這段對話，直到對方不再聽到你的批評或需求。

・說真的，這個技巧很有效。

Q&A

・你剛說要先專注在自我的痛苦，意思是要等到完全心平氣和又豁然開朗了，再繼續爭執嗎？如果是的話，這樣超蠢的。

不，不是這種蠢事，我說的是更理智的對話方式。人們偶爾會一頭熱陷入激烈的爭執，最後就開始朝對方掄（情緒上的）拳頭。每個人承受苦惱的能力都有限，超出極限之後做什麼都沒用。或許你很懂得處理一觸即發的衝突，也從來沒有被氣到不分青紅皂白就開始朝周圍所有人砸（情緒上的）椅子。如果是這樣，那很好。

但是有些人在爭執時就是會被氣到一發不可收拾，因而造成不必要的傷害，這時候就需要覺知到自己正在受苦。我們要了解自己的臨界點，也要知道有時候暫時從衝突中抽身才是明智之舉。抽離不是為了懲罰對方或者逃避衝突，而是給予自己時間去擁抱和轉化身體的痛楚，如此我們才能帶著更大的能量回到衝突中創造正向的結果。

這不代表我們要完全心平氣和了再繼續跟對方吵，我也不懂那是什麼意思。有些西藏僧侶的確可以進入這種心如止水的平和狀態，就算你朝他們的腦袋旁開槍，他們也無動於衷。假如我認為只有當個混蛋才有可能解決衝突，那我勢必會是個十足的混蛋，重點是現實就不是這樣。我們要做的只有冷靜把持心中的人性，才有可能展開對話，並且解決問題。我衷心希望書中的練習能幫助你化解衝突。

一行禪師教過一個名為和平條約（The Peace Treaty）的練習，他建議假如你意識到自己在生氣，那一定要在二十四小時以內告訴對方。你可以告訴對方：「我現在對彼此的相處感到不愉快，不過我還不清楚究竟是為什麼。但接下來幾天我會專注在正念練習上，學習與苦痛共存。等我釐清癥結點之後，我會回來跟你好好談。」我雖然不常這麼做，但是每一次做都會很管用。

・生活中真的有很惡毒的人，你是要我讓他們學會欣賞我的需求嗎？

不，離開一段關係永遠是選項之一，有時候離開甚至比嘗試對話還有用。其實我認為贏者全拿的主導模式（無論是當主導者或是被支配者）有時也比對話來得實際。話說回來，偶爾嘗試和惡毒之人展開對話也會有實質的收穫。沒有任何一個人是因為覺得惡毒待人很幸福才表現得討人厭，生活中那些難相處的人之所以難相處是因為他們正在受苦。切記，可恨之人必有可憐之處。

當然，痛苦確實不足以為他們的行為開脫，不過卻是創造彼此連結的契機。假如我有理由相信某人的行為只是為了惹惱我，那我不大可能會把對方當人；反之，假如我看見對方正在受苦，儘管他們想獲得幸福卻不知如何是好，我或許就能將心比心同理對方的處境。一個人的行為舉止越是具破壞力，越顯示他有多努力想滿足行為背後的需求。假設有一個人尖叫怒罵、亂摔家具而且口出不堪入耳的髒話，這表示驅使他們有此舉動的需求意義非凡。他們感覺某件事威脅到他們的人身安全或自我價值，所以才會有相應的行為。假如你能回應對方的舉動，試著說「我了解你只是想被人理解」，對方卸下心防的程度將會讓你大吃一驚。我試過跟一些處在精神崩潰狀態的人這麼說，獲得的回應一樣很正面。

• 我覺得我跟對方沒有太多衝突，雖然我們對彼此積怨已深，但都避而不談，這也算是問題嗎？

當然是問題。

秘而不宣的批評和要求往往比尖叫咆哮的對戰還毒，不過練習的方式沒有不同。你要覺察並且定義存在於關係中的批評和要求（即使雙方都並未表明）；接著深觀劇毒之下未獲滿足的需求，最後直接向對方表達想法，並且鼓勵對方從善如流。批評和要求其實彌足珍貴，因為它們能指引你發掘等待出口的需求。

・我表達需求之後，伴侶似乎也能尊重我。不過我發現他也有未獲得滿足的需求卻拒絕說出口，我該怎麼辦？

有一種對話方式稱為**換位思考**（empathy guess）。換位思考分為兩個步驟，首先你要用最客觀而且不帶任何價值觀的方式去觀察對方。譬如你可以跟對方說：「我覺得你真的懂得我需要親密感，不過說到這件事的時候，你的表情有點不對勁，我不是很了解。」你可以形容對方的表情，不過不要自行解讀，你的描述要盡量客觀，譬如「你好像在隱瞞什麼」就非常主觀，「你的表情很僵硬」就相對高明得多。

第二個步驟是猜測。絕對不要一副你知道他在想什麼的樣子，就算你非常確定也一樣，因為你可能是錯的。你可以試著說：「我看到你的表情，我在想你是不是需要更多獨處的空間，還是有什麼能讓你的生活變得更好。」這項練習最大的優點是能引導對方思考自身的需求，同時讓對方知道你也相當重視他的需求。

親密關係中常見的問題就是一個人需要親密感、另一個需要更多自己的空間。雙方的需求乍看之下相互違背很恐怖，不過事實並非如此。人與人相處可以同時擁有親密感和自我的空間，兩種需求都很重要，也都能獲得滿足。

尋找解決之道的過程或許令人摸不著頭緒，不過只要雙方都同意賦予你更多親密感、給予他更多空間，那麼兩個人劍拔弩張的氣氛會減緩百分之九十。你不必馬上解決問題，重要的是**一起達成共識**，了解「我們重視彼此的需求，即使無法兩全其美」，這才是一段親密關係相互連結的本質。

- **我無從猜測其他人的需求，我連自己的需求是什麼都不清楚了。我要怎麼找出自己的需求？**

要聽見批評與要求之下的需求必須投入大量練習，幸好這項練習相當有趣。讓我們來經歷親愛的作者我的一天，仔細觀察我心中那些糟糕、惡劣而且沒用的想法，接著我們來尋找驅使這些念頭的需求，也就是行為背後的滿滿能量。

發掘你的需求

【事件一】

有一個女生在走廊上迎面而來，我走在右側，不過對方也同樣走在右側，也就是我的這一邊，眼下就要擋住我的去路，所以我只好停下腳步站到牆邊讓她先過。

內心想法

「X，這個人有事嗎？」

需求

「我希望我們可以共享空間，多點體諒。我也希望自己能理解妳的行為，這樣我才能懂妳為什麼會這麼做。」

我從內心去詮釋需求的過程是這樣的：我想像自己回到那個場景，回到我批評對方的當下。我並沒有告訴自己不要批評她，也沒有說服自己對方可能是個好人，我只是問自己：「你希望怎樣？」答案是我希望她能注意到走廊上的我，並且讓出空間；接著我再問：「為什麼這樣會讓我心情比較好？我想要滿足什麼需求？」答案也隨之浮現，那就是體貼和體諒。現在我們再來練習一次。

【事件二】

我在咖啡廳突然急著想大號，此時一個男人從洗手間出來，我立刻衝進去之後，卻看到整個馬桶蓋上面都是尿。

內心想法

「@#$%^&！！！」

需求

我希望對方能多點體貼，不只是對我，對其他所有人都是，特別維持公共環境的整潔是基本的尊重。「我想知道為什麼你在公廁小號時，不會把馬桶蓋掀起來？我現在真的很難把你當作是個人，也不覺得你能為全世界帶來幸福。你不在乎你的所作所為，是因為沒人教你這樣做的後果是什麼嗎？還是說你不敢碰馬桶蓋？假如我能知道你嘗試滿足需求的方式，我想我就不會這麼埋怨你。」

這個過程很有趣對吧？你也可以試試看。設想此刻生活中的批評或要求，思考你無法接納誰？正視自己無法接受對方的事實，正視這份蠢蠢欲動的感受，一旦你體會箇中滋味，請試著問自己：「你希望事情有什麼不同的發展？」你的設想未必要能成真，你就想如果你擁有神通，你希望事情變得怎樣？這就是傾聽自我內在的需求。

寫下你的答案然後問自己：「為什麼這樣會讓我的心情比較好？我希望滿足什麼需求？」現在想像你處在某個情境或關係中，請直接向對方表達你的需求，你感覺會怎麼樣？

第六章

當壞事找上門

面對無解的問題仍舊懂得默而不答，是在壓力與邪惡環伺時亟需的能力。

美國作家——
娥蘇拉．勒瑰恩（Ursula K. Le Guin）

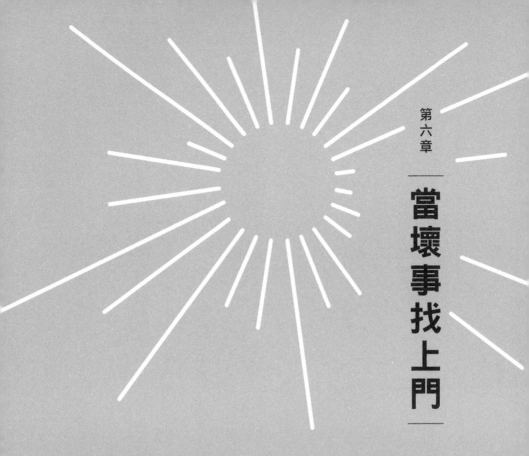

十七歲那年的某一天，我母親拿著一張剪報，神色陰沉地走進房間，問我知不知道自己有同父異母的兄弟。我驚訝到下巴都快掉下來了，我當然不知道，母親從來沒跟我提起。母親說我素未謀面的父親有兩個兒子，年紀都比我大。那張剪報上說的是其中一個同父異母的哥哥，他剛被吊銷外科手術執照，原因是他吸食海洛因後對病人進行非必要手術，導致有些患者不幸死亡，所以他可能會被判處非預謀殺人罪。

如你所料，十七歲的我得知這些事，大腦不堪負荷簡直快爆炸了。我一個勁兒衝出去，開著兩百美元買到手的大黃蜂，以時速近一百三十公里的速度駛過波士頓街道，最後總算來到我朋友里昂家。進去之後，我向他解釋來龍去脈，當下我心裡萌生強烈的自殘念頭。我不知道自己該怎麼辦，況且我對現在的生活也沒多大依戀。

里昂聽完後沉默了一會兒，接著他問我：「這跟你有什麼關係？」

「這個人是我哥欸，X！我根本不知道自己有哥哥，而且還是個殺人兇手！」

「好，所以呢？」里昂回答。

里昂似乎不了解這有什麼好煩惱的，這讓我非常震驚。不過，後來我嘗試向他解釋時，我發現自己也說不出個所以然。為什麼這件事會傷我這麼深？我腦中浮現的所有敘述都不足以回答里昂的問題。我不氣母親，最重要的是，我厭惡我自己，不過我說不出這究竟是為什麼。

里昂不是不經世事的人，他也飽受痛苦折磨過。他的家人之前坐牢死了，所以這次的事他不是不能感同身受。所以，他問我這個消息對我的直接影響是什麼？這件事真的會改變我的生活嗎？這些問題我通通回答不了。

隨後我便意識到，真正打擊我的是我對自我的看法。假如我有這樣一個糟糕透頂的哥哥，我遲早也會落入害人害己的窘境。我不過是聽了兩三句有關這個人的事，這個人卻讓我完完全全地聯想到我自己。他是個聰明的外科醫師，也是個不爽就幹爆世界的「奇葩」。當下我感覺他那就是我一樣，而我就像是在看著自己的未來。

我勉強向里昂解釋前因後果，他聽完之後只是聳聳肩說：「欸，你又不是你哥。」里昂的一句話如醍醐灌頂般拯救了我，隨後我放聲大哭，他則給了我一個溫暖的擁抱，接下來一整天我們就打電動度過。

壞事究竟從何而來？

為什麼世界上存在壞事？為什麼人類總是要作壞？人們為了詮釋事件的緣由所編造的敘述深深影響著自我，不僅形塑了我們對自我和他人的感受，更塑造了世界在你我眼中的樣貌。

舉例來說，我哥的行為其實能以不計其數的說法來解釋。請花一秒鐘思考你為什麼認為我哥會做這種事？你覺得他很壞嗎？還是你覺得他生病了？他也是為環境所逼的無辜受害者嗎？誠如你所想，我非常確定有些人會從他的行為去作判斷，把他描繪成一個沒用、卑鄙的禽獸，最好消失在這個世界。除此之外，大概還有一些人的解釋會喚發人們對他的憐憫。

假如你希望自己有能力面對狗屁倒灶的鳥事，同時不被世界給重擊在地，更重要的是，假如你期許自己能發揮正向的影響，那麼接下來這個問題對你而言至關重要：**「為什麼世界上存在壞事？」**我們的解釋可能會讓自己怨天尤人、讓自己深感無能為力，也可能讓自己因而壯大自我並保持人性。

「為什麼世界上存在壞事？」可以分別從心理層面和邪惡的存在這兩部分來看，前者屬於問題的一小部分，解釋為什麼人會做壞事；後者屬於問題的核心，說明世上為什麼存在壞事。

為什麼人會做壞事？

首先回答心理層面的問題：「為什麼人會做壞事？」開始解釋這兩個問題之前，你必須了解這種問題沒有所謂的正解。每一個人的行為背後都有無數種詮釋，假如你認為只有一個解釋是終極正解，那麼你自然會想要找出是哪一個，可是有些問題本來就沒有答案。

目前許多解釋人類行為的理論都有些重大瑕疵，有些不是前後矛盾自打嘴巴，不然就是預測人類實際行為時並沒有充分的證據。我們不必把時間浪費在爛理論上，還是有很多解釋十分出色，這些理論或多或少都同樣行得通，實在很難讓人決定到底哪個才是終極正解。其實科學界的證據不充分決定理論（underdetermination）就是在形容這個狀況，這項理論主張任何一組資料數據都能夠用複數以上的方式解讀。

假如我們無法確定哪個行為理論是唯一正解，那我們自然而然會採取最管用的那個，讓我們能輕易產生共鳴，秉持慈悲心設身處地為他人著想。我認為本書第四章的人性理論已經能充分解釋人類行為，所以接下來我會直接回答第一個問題：

Q　為什麼人會做壞事？

A　因為每個人都在受苦。人類的大腦會依據世界運作的模式建構出與不同環境互動的模型，而人類則依循這些有瑕疵的模型盡力避免痛苦，竭盡所能滿足自我的需求。然而這些模型之所以不完美，是因為它們只能反映大腦汲取過去經驗形成的應對模式。換句話說，儘管這些模型極力為現在的我們創造幸福，但是卻不知道該怎麼做。

二〇一四年美國密蘇里州佛格森（Ferguson）發生麥可・布朗（Michael Brown）命案[1]引發軒然大波，民眾群起示威造成社會動盪，而當時一名社運人士完美印證了前述理論。

一家位在佛格森警局附近的墨西哥餐廳在示威行動中屢屢遭到破壞。社區召開住戶大會時，一位女士表明自己是餐廳老闆的家人，她起立發言道：「我家餐廳一直被破壞，我真的不懂這些暴力和暴動行為對整體事件有什麼幫助。」許多在電視上關注佛格森消息的人也多有同感。

這名女士結束發言後，另一名長年在佛格森從事社會運動的女士起立回覆道：「我們很多人都竭盡所能設法阻止警察暴力，儘管我們長期在體制內努力，情況卻毫無起色。如果我們知道怎麼阻止不必要的殺害，同時讓所有人滿意，老天爺啊，相信我，我們絕對會那麼做！我不確定這些抗議行動會不會創造我們期望的正向改變，但我知道走老路去提訴願，或在體制內努力都不會有用。我們不是沒試過那些方法，然而都行不通。這是頭一次大家開始去關注這裡發生的事，所以我們很多人都覺得這個方法或許可行。我衷心希望示威行動不會再波及到你的家人，也希望妳能諒解。」

我相信你對這名社運人士的發言也有自己的意見，你可能馬上就想反駁她，或是挺身

1 譯註：二〇一四年八月九日，十八歲非裔青年麥可·布朗在手無寸鐵的情況下遭到白人員警射殺。

而出捍衛她的立場，又或是和她侃侃而談其他作法。這個例子提供我們一個絕佳的契機去檢視一個人的發言如何創造實質的連結。

無論是同意、不同意或者說教都有其作用，不過如果我們能優先以需求創造彼此的連結，那麼這些立場的作法就會變得事半功倍。現在把你的立場擱置一旁，然後確立你和她的需求。她希望終止不必要的警察暴力，但不確定該怎麼做，這點你是否能感同身受？你是否能設身處地思考她的立場，即使你認為你確實知道應該如何終止濫殺？

我深信你能同理對方終止濫權的渴望，也深信如果你知道該怎麼做，你早就身體力行去實踐了，所以在你不論是否同意對方的作法之前，都先深呼吸吐氣幾次，提醒自己，你們的訴求都是一樣的，不過你們都不確定應該怎麼達成目標。

你不會因為將心比心看待他人就搖身一變成為聖雄甘地，也不會即刻變成以德報怨的西藏僧侶，滿懷慈悲對待殘害自己的中國士兵。假如你家的窗戶被人砸個稀巴爛，縱使對方有千百萬種說法，想必也沒有一種能讓你心悅誠服，更何況這種事也不該存在合理的解釋。

推己及人的珍貴之處在於我們用心良苦讓自己保有人性，在於我們依然能竭力擁抱這個糟糕透頂的世界。我們渴望能深觀生活周遭的各種困境，同時不讓自己過於憤怒或絕望以致於力不從心。

一旦我們在心中確立將心比心的處世準則後，便可將此作為一種能力，透過刻意練習培養慈悲心。倘若你想內化這個能力來改變待人處事的方式，那麼你需要的就是堅持不懈地訓練。

練習

- 試想你做過的某件事對他人造成的痛苦。
- 設身處地思考自己當下所做的決定。請深觀自身的痛苦並且尋找解脫的方式。假如你當時知道如何滿足自我的需求且不傷害他人，那麼你的作法會是什麼？
- 你在反思過後也許會發現更好的處理方式。然而，即便如此也無須感到羞愧，因為這代表從那以後你又有所長進，這是一件好事。
- 現在轉而將這些步驟套用在**他人**帶給你的痛苦上。
- 越是勤加練習，越能自然而然發揮同理他人的慈悲心。

痛苦的善性

現在是時候來檢視生存層面的問題：為什麼世界上存在壞事？對我來說，這個問題的關鍵在於如何看待生活中不受掌控的事。〈寧靜禱文〉（Serenity Prayer）[2]獲得許多十二步驟團體（twelve-step groups）[3]採用，其中說到：

神啊，求您賜予我一顆寧靜的心去接受不能改變的事，
求您賜給我信心和勇氣去改變能改變的事，
求您賜給我智慧去分辨這兩者。

人類某種程度來說是有能力可以掌控生活中的某些事，然而許多鳥事卻是你我怎樣也無可奈何的。要是採取行動就能減緩痛苦，人們自當身體力行；可惜的是我們很容易被力不能及的事所影響。

除非我們深信無法改變的事多少也有好處，否則實在很難接受千萬般的無力感。假如

不好的事完全是隨機發生，全然無視你我的死活，甚至是針對你我而來，那麼承認自己的無能為力將會讓人終日惶惶不安。

許多人都拒絕承認自己的無能為力，而不是設法與之和平共處。人生一帆風順時，我們非但不心懷感恩，反而認為是自己無所不能才得以實現這一切，這跟艾茵・蘭德（Ayn Rand）[4]是一類人。等到自己跌落谷底後便開始自怨自艾，加深自我的痛苦千萬倍。人類總是試圖控制無法控制的事，最後就搞得自己徹底抓狂。

其實抽絲剝繭來看，你會發現這也是信任與不信任互相拉扯的問題，也就是德裔美籍心理學家艾立克・艾瑞克森（Erik Erikson）提出的社會心理發展的首要階段。假如無法信任的確會有超脫掌控的事，那就永遠不能享受真正的安全感。

---

2 譯註：〈寧靜禱文〉全文祝願以寧靜之力培養智慧去面對生命無法改變的事。一般認為禱文出自二十世紀美國神學家雷因霍爾德・尼布爾（Reinhold Niebuhr）。

3 十二步驟起源於匿名戒酒會（Alcoholics Anonymous），是一套十二個步驟的指導原則，多用於治療癮症、強迫症與其他行為習慣問題。

4 譯註：艾因・蘭德（一九〇五至一九八二年）為俄裔美籍哲學家及小說家。他提出客觀主義，主張人生的道德意義在於追求個人幸福與理性私利。重要著作包括《阿特拉斯聳聳肩》、《源泉》、《自私的美德》及《一個人的頌歌》。

人類從古至今無不絞盡腦汁思考「為什麼世界上存在壞事？」十七世紀德國哲學家哥特弗萊德．萊布尼茲（Gottfried Wilhelm Leibniz）將其視為哲學界最晦澀難解的問題，並定義這屬於神義論（theodicy）的範疇。身為基督徒哲學家的他更以宗教的話語提出一個大哉問：「假如上帝是全能至善的神，那為什麼世界上存在惡？」我經過一番思考後，再以更世俗的話解讀，人類想問的應該是「眼見世間存在萬般痛苦，我又怎麼能安然處之？」或是「人類力所能及的事少之又少，我要怎樣才能擁有基本的安全感？」

若是將世界上各式各樣的遭遇視為一體，尤其是那些你無法改變的事，你可能會認為邪惡完全是混亂且隨機的，你也有可能會認為那是某種支配的力量。假如你認為邪惡是受到支配的結果，那麼你可能會相信支配的主體是與人有關的上帝、數個不同的神祇，抑或是非人的潛在力量，接著你會去思考支配的力量是不是在乎你的個人福祉。

假如你希望或擔心我會要你凡事往好處想，那麼你不用想也不用煩惱，我沒有這個打算，因為每個人對世間存在痛苦的見解都是極其私人的，而我只會分享我的看法，以及一些能幫助你我思考的觀點。

西方思想的主流看法認為世間存在萬能的上帝主宰萬事萬物，而你無須擔心無法掌控的事，因為上帝會負責一切，而且祂人超好的。不過誠如萊布尼茲所指，這個觀點有些矛盾之處。「上帝坦承殺嬰上癮」（God Admits He's Addicted to Killing Babies），這是美國《洋蔥報》（*The Onion*）的一則標題，我認為這句話充分表達萊布尼茲所說的矛盾。世界上有許多狗屁倒灶的鳥事，假如你認為這些事都是由上帝主導，你就不由得苦惱為什麼。如此一來我們又回到原先的難題：為什麼世界上存在壞事？

許多哲學家認為這個問題超乎你我的理解能力。上帝殺了那些小寶寶（或者允許人類這麼做），一定有祂的理由，只不過我們不了解罷了。假如你能說服自己相信這套說法，你就不會再執著問題背後的緣由，從此獲得內心的安定。不過對我來說，「不要想」未必永遠行得通。

萊布尼茲闡述的觀點與藏傳佛教頗為相似。萊布尼茲認為現在這個世界肯定是「所有可能存在的世界中最好的一個」。藏傳佛教也具備類似的概念，他們認為「人道」是眾生出世最好的處所。藏傳佛教提出眾生生死流轉的六道輪迴，分別為天道、人道、阿修羅道、畜生道、餓鬼道與地獄道，生而為「人」則是六道中的最佳善道。你覺得難以置信嗎？接下來就讓我告訴你箇中教誨。

假如生而為畜牲，那你將終其一生擔驚受怕、挨餓受凍，絲毫沒有機會修身養性，由此可見這不是最好的處所。反之，如果你投胎進入天道，那麼只要心有所想便會立馬成真。也就是說，所有渴望都能馬上如願以償，永遠不必擔心無能為力這種事。只要你身處天道，即便披薩、冰淇淋也可以說是有益的食物，甚至不需要你開口表達需求，每一個人就會自動按照你希望的方式愛你。儘管天道聽起來百利而無一害，但藏傳佛教卻不認為這是眾生最好的棲居地。出生在天道意味著你永遠沒有機會陶冶你所認定的善的覺性，耐心、慈悲心、韌性與感恩這些通通沒有，等到善緣終了要離開天道，你可能得面臨最錐心刺骨的經歷，這會是你遭遇最無能為力的事，也會是生命最沉痛的失落。

反觀人道則存在**恰到好處的痛苦**，時時鞭策你我陶冶身心，卻也不致於讓人無以為繼。我理解的教誨並非藏傳佛教字面意義上的投胎輪迴（許多藏傳佛教的上師也不以此解讀），我認為生而為人有時彷彿身處地獄道，有時則恍若置身天道。

對我來說，藏傳佛教的奧妙在於提醒人們**痛苦帶有善性**。你的自我不斷告訴你只要生在天道就能更快樂。事實上你以為只要心想事成，而且壞事永遠不敲門，那麼這個世界就會變得很美好。然而，藏傳佛教的教法卻告訴我們這是錯的，因為所有你喜歡的東西都是從苦痛中蛻變而來。你或許會想「話是這樣說沒錯，不過我們也不需要這麼多苦痛」，這樣想當然是合情合理，所以接下來我會再多加解釋，希望你也會覺得有幾分道理。

俗話說：「苦難生慈悲，大苦大難生大慈大悲。」但這不代表所有的苦痛都能轉化為慈悲，儘管我們希望如此，但現實就不是這麼一回事。這句話的意思是「慈心皆是苦難過後結下的果實」。設想世界上所有經歷過大苦大難的人們，譬如南非前總統曼德拉、藏傳佛教精神領袖達賴喇嘛以及一行禪師，他們都是遭受過巨大磨難的人，並將其痛苦化為深沉的慈悲來擁抱世界。

一行禪師認為，我們可以將痛苦生慈悲這件事看作是垃圾分解的過程。垃圾首先分解為堆肥，堆肥再滋養花朵成長茁壯，這就彷彿是人類以悲憫化苦痛為慈心，再以慈心澆灌世間長出善果。縱使生命給你滿滿的垃圾，你也要能學會把垃圾變成有價值的東西。我不是要你丟掉垃圾或者無視它，而是要學會欣賞它的價值，並且將其變成善美的東西。具體來說，我們要學會覺察身體深受苦痛的訊號、放下自我看法的執念，敞開胸懷以慈心擁抱磨難。

無論是失去工作或遭遇警察濫權，只要世界上發生壞事，我都會想起一個寓言，藉此幫助自己放下無謂的看法，保持足夠的人性為世界發揮一己之力。

有一天，農夫的馬兒逃跑了，所有的鄰居都來跟他說：「真不走運！」農夫不以為意地聳肩道：「也許吧。」幾天後，逃跑的馬兒回來了，還多帶了兩隻野馬，所有的鄰居都來跟他說：「真幸運！」農夫說：「也許吧。」某天，農夫的兒子幫野馬套上馬鞍時被拋下馬背，因此摔斷了腿，這時鄰居又來跟農夫說：「真不走運！」農夫說：「也許吧。」不久之後，軍隊到村莊裡徵召好手好腳的壯丁入伍，唯獨農夫的兒子因為摔斷腿而免於參軍，此時鄰居又跑來跟農夫說：「真是太好運了！」農夫則回道：「也許吧。」

我們不會知道現在已經發生的事對未來的影響，今天的糟糕透頂也許會觸發明天的精彩絕倫。倘若我無法想像某個爛爆的經歷能帶來什麼正面影響，我會嘗試提醒自己珍視苦難的價值，總有一天慈悲的花朵會從苦痛的肥料中盛開。

人們手握主導權時，理所當然會想創造自我認為最好的結果，我說的應該沒錯吧？可惜我們總是為了力不能及的事愁眉苦臉，搞得自己苦不堪言；此外，人們也習慣先定義某件事是「最糟的結果」，然後就把自己嚇得半死。每當這種時候我就會提醒自己「塞翁失馬，焉知非福」。

《道德經》第二十九章賦予我強大的力量，鼓勵我放手信任超脫控制的一切。該章開篇即闡明，企圖掌握天下萬物勢必會敗下陣來：

「將欲取天下而為之，吾見其不得已。天下神器，不可為也，為者敗之，執者失之。」

第七章

不存在的藝術

任何人的生與死都是純然的巧合。

美國作家——
馮內果

我第一次與一行禪師學習打坐是在聖地牙哥群山間的一座佛寺，三個月來和上百名比丘、比丘尼及居士一同生活靜修。隨著時間流轉，修行也來到尾聲。那天旭日緩緩從峽谷間升起，我們正在做早課，一行禪師讓我們練習接觸大地（Touching the Earth）。到了某個環節，大家平躺在地上，禪師讓我們想像存在自我之中的父母，想像自我與他們無法割捨的羈絆。

我從自己身上看見許多母親的影子，好比充滿自信與為人正義的正面特質，還有為了保護自我而疏離他人的負面特質。只是我絲毫覺察不到父親留給我的印記，或是說我拒絕去深觀。我想像自己是一棵樹木，左下的樹根穩紮穩打向下生長，右下卻是了無一物。

我知道這樣說沒有道理，因為我至少帶有父親的基因。我不僅身材高大，也比母親那邊的親戚更有運動細胞，我其實知道我的生父人高馬大而且很會運動。儘管如此，躺在地上的我仍舊察覺到深刻的衝突感，心中有一個聲音說：「你有很多生理特質一定都是遺傳自你爸，而且他也塑造了你的個性，縱使他從未出現在你的生命中。」另一方面，又有一個聲音咆哮：「我跟他完全無關！」

結束接觸大地的練習後，我徒步走到附近的峽谷，接著一整天都在那裡打坐。我坐在一棵樹下，開始專注在身體出現的緊繃與躁動。我善用每一次的吐納迎接身體不安的情緒，直到蓄積足夠的平靜澄明，便開始細聽陷入拉扯的心聲。終於，我觸摸到了內心幽暗隱晦的一處，那是對父親深沉滾燙的恨意。

如果前一天有人問我對父親的想法是什麼，我大概會說「我不大在乎這件事，他從來不是我生命中的一部分，所以也沒什麼」。當時我更不覺得自己怨恨誰，我全心全意投入打坐靜修，積極參與非暴力的社會革命，我整個人的自我認同與寬恕和慈悲息息相關。正因如此，當我發覺體內蟄伏巨大的恨意時，就像是揭穿了自己的人生是一場世紀騙局，彷彿它嘲笑道：「你相信這些屎尿意義深遠，一副這就是你的樣子。結果說穿了，你還是那個從波士頓來的『奇葩』小子。」我精心營造的自我認同彷彿在剎那間分崩離析，懷拽著巨大恨意的我再也無法成為理想中的自己。

儘管我仍舊在樹下打坐，內心卻是波濤洶湧。體內的怨恨仿若熾熱的毒無法止息。同時我也意識到，時時刻刻摧毀你我內心平和的元兇就是憤恨本身。憤恨就是人生大戲的反派角色。過去一行禪師曾致信馬丁・路德・金恩博士獲得廣大迴響，當時連禪師都在信中稱呼仇恨為「人類之敵」（the enemy of Man）。長久以來，我一直努力成為一個好人，現在卻開始害怕自己會功敗垂成，我想人類終究是江山易改，本性難移。

隨後我把心思拉回接觸大地的練習。在練習過程中，禪師引導我們觀想自我所有的生理特質和心理覺性，讓我們藉由深觀自我的每一個部分去覺察**我非我**（not me）且**非我所有**（not mine），我只是形形色色的**無我**（nonself elements）因緣聚合而成。換言之，我愛的我與我恨的我都不是無中生有，也不是因我而起。我長得高和喜歡看書都不是源自於我，我身體裡的怨恨也不是源自於我，是以宇宙萬物皆其來有自。假如我能將心中的憤恨視為一種遞迭（transmission）而不是我，也許我就不會如此羞愧難當了。

我極力將心神專注在體內的怨恨，縱使我一心一意想擺脫這種感覺，我仍盡力與它同在。我一方面任由體內的警鈴放聲大作，一方面覺知下顎的緊繃感，我發現自己全身起雞皮疙瘩，胸臆間還有一股強烈的燥熱感。我不斷輕聲告訴自己：「你有怎樣的感受都沒關係，我為你而在。」我的身體最終安定下來，保有充分的心識全心臨在當下，探尋體內的憤恨。

依照接觸大地的步驟，我竭力推敲觸發憤恨的條件。憤恨是我思及生父時產生的反應，所以我開始思索他在其中扮演的角色。這個人在我的一生中缺席了，無視所有我嘗試與他聯繫的可能，我甚至聽過一堆與他有關的爛事。我意識到這些表現在在說明他也身在水深火熱的苦痛之中。

生命的痛苦導致他去傷害別人，導致傷害經由苦痛遞迭到他人的生命，包括我。我看見自我某一部分的苦痛來自生父深受的苦果，他賦予了我高大的身材和強健的體格，以及他的痛苦。

我看見這股憤恨**既非我亦非我所有**，而是早在我出生前就存在。越是看得深入透徹，我越明白這份怨尤也不是源自生父。我不大清楚他的背景，不過不難想見他的原生家庭應該沒有豐富的情感支持，也不存在緊密的依附連結。隨著我對父親的理解逐漸轉變，體內的怨恨也不再嚴厲譴責真正的自我。這股憤恨由痛苦堆砌而成，而痛苦則是世代遞迭的一部分。它就存在我之中，我逐漸把自己當作是身體的管家或看護，而不是苦痛本身。

坐在峽谷間，我慢慢豁然開朗。「存在我體內的怨恨是父親受苦的延續。我要是放任不管，它就會遞迭到生命中的所有人及後代子孫身上。然而，假如我能設法治癒它、轉化它，我就能改變原先的世界，傳承更美好理想的家園。」當時我還無法得心應手運用慈心擁抱痛苦，不過我決定畢生都將致力以慈悲處世。我希望就算未來遭遇最深沉的痛苦，我也能運用慈悲轉化它，並且幫助他人滋長心中的慈憫。

你的身體不是你的身體

佛教無我的教誨博大精深，一不小心便會有所誤解，不過若能正確運用無我的概念，則能活得更自由自在，不只能加深與他人的連結，還能澆灌自我純然的生氣。至少從保持人性去面對狗屁世界來說，無我能幫助你不因自我的痛苦或無能而羞愧，有助你放下執念或厭惡去欣賞箇中真諦。

所有你討厭的你都**不是你**，所以無須擔憂發愁；所有你喜愛的你也都**不是你**，所以無須驕矜自豪，它們全部都是無我從過去的世代遞迭而來，它們的聚合離散也不是你。就連你也不存在，至少你的存在並非如你所想的那樣。

練習深觀無我的方式是先選定某件事，接著透過特定視角抽絲剝繭。我們先從一杯茶開始，之後再進一步套用到人類身上。

先倒一杯茶給自己，然後雙手捧著這杯茶。利用片刻端詳它，並且任由身心放鬆舒緩。你有看見漂浮在茶水裡的白色雲朵嗎？試著用心觀想。

茶水的水來自何方？來自飲水機。繼續追本溯源會發現水是來自水庫，而水匯入水庫之前是雨水，再更早之前則是藍天裡的一朵雲。茶杯裡的所有水分子已經成為水分子數百萬年，甚或更為久遠。它是海洋的一部分，然後蒸發上升到每一片土地之上；它是無數動物血液的一部分；現在它是你的茶水。很快地，它會是你的血液；不久之後，它會再度踏上旅程，再一次與海洋相遇。現在你明白了嗎？

你可能認為它曾經是一朵雲，但現在不是了。這就是人類固有的思維模式，也是我企圖解構的世界觀。現在我希望幫助你看見這朵雲從來沒有散去。宇宙萬物在人類慣有的思維下都只是單獨存在的個體，佛教將這種思考方式稱為身見（sakkaya ditthi）。譬如我是我，你是你，我跟你是分開的；桌子不是地板，地板也不是桌子，兩者是分開的。在身見的眼界下，任何物體都是獨立於其他萬物的存在，不同物體各自擁有各自的自我。不過，我希望你能用不同的眼光看待這杯茶水。

這杯茶的存在並非是單一分子，而是仰賴各種各樣的要素聚合而成。假如雲朵不存在，這杯茶自然也不存在，因為茶需要雲的存在，兩者無法徹底分開。也就是說，雲朵從未消失。說得更精準一點，茶正是雲的延續，而茶就是由許許多多無我組成。假如沒有茶農種茶、貨運司機運茶，這杯茶就不會在這裡。這杯茶的熱氣蒸騰是從鍋爐的天然氣而來，天然氣是從史前浮游生物沉積變化而來，浮游生物又必須吸收太陽的光和熱才得以存在。深觀這杯茶，你是否看到其中蘊含的所有無我的要素呢？無我無處不在又無處不是，著實無法估量。現在請試著將這杯茶的存在視為所有無我的延續。

以這杯茶為例，拿掉了茶農、浮游生物、太陽就什麼也不剩了。一旦剔除一切無我，這杯茶不會留下任何東西，正因為它沒有所謂基本的「自我」。其實你可以把這杯茶理解為獨一無二的交會點，是無我的集大成。我描述的正是理解這杯茶的方式，這將讓你學會用更美滿玄妙的方式看待人生的經歷。

假如你能觀得這杯茶是全然由無我所組成，你自然就能用同樣的視角省視自己。原始佛教實踐無我的練習是以組成人體的五蘊為本，分別為色蘊（肉身）、受蘊（情緒）、想蘊（感知）、行蘊（想法）以及識蘊（意識）[1]。現在我們就來深觀五蘊的無我，接著體會無我的視角如何改變我們對自身的理解。

首先從你的肉身開始，我們來看人類的身體是如何由全然不屬於你的元素組成。人體的每個原子都擁有淵遠流長的歷史，早在你出生以前就存在，並且經由飲食或空氣進入你的身體。這些原子進入人體後又受到各種因素的影響，好比祖先流傳下來的基因與社會環境等諸如此類；同時，原子也受到受、想、行、識等其他四蘊的塑造。然而，假如你抽離所有要素，你的身體便是「一無所有」。你的肉身既非你，也不是真的為你所有，而是不計其數的無我因緣積聚而成。

從無我的觀點檢視身體就不會為了喜愛的部位沾沾自喜，也不會為了不順眼的部分感到丟臉。此外，你的身體反倒變成獨特、珍貴且短暫的贈禮。現在你也試著觀照看看吧。

無我也能套用在其他四蘊。假如消除你對親朋好友的想法，那麼你的想蘊還有什麼？假如沒有了肉身、情緒和感知，你還剩下什麼？試著層層分析下去吧。

一旦了解五蘊都是由無我組成，你就不會再任由五蘊定義你，而能欣賞箇中美好。這就是**內在創傷並不真實存在**的意思。無我並非某種虛無主義，也不是對常識的否認，這是一種看事情的角度，幫助我們理解自身的身體、情緒與想法，了解它們都只是代代遞迭的

1 此處需釐清五蘊的後三者：想蘊意指五感的經驗；行蘊為人類依據五感經驗編造的敘事；識蘊則為意識想蘊及行蘊的主觀。

產物。你我只是暫時的看管人，終有一天無我會再進入下一個循環。至少從地質年代來說，我現在存在時間的長河裡，以後也將持續存在。我認為這項教誨的價值在於，只要能充分理解無我，便能活得自在喜樂。

屎爛輸送帶，一代傳一代

人類仰賴神話而活，我們需要神話才能幫助自己理解生命的鬧劇。人類相信神話的行為完全合情合理，神話也並非與科學的世界觀背道而馳。我熱愛科學，愛到左肩刺了一個愛心，裡面寫著「科學」[2]。可是我看到很多人認定神話是科學的對立面，一副「不是你死，就是我亡」的態度，這實在讓我很苦惱。神話的目的不是傳遞事實，人類是把神話當作故事，幫助人們在真正重要的事物中找到生命的定位。

我的生命中也有許多神話，其中最重要的神話故事是這樣的：世界上的每個人都是工廠的作業員，站在輸送帶旁邊接收過去世代遞迭而來的產物，並且產出複雜多變的生命之美。身為工廠作業員，我們有兩個工作，一是欣賞傳送物的美，二是轉化前人送來的痛苦。假如我們能夠轉化先祖傳承的痛苦，即便是一點點也好，我們就能改變原先的世界，留給後人更理想的家園。（對我來說）這就是人生的最高準則。

有時候輸送帶會傳來一朵嬌豔欲滴的花，那我們唯一要做的就是敞開胸懷接受前人賦予的喜樂。我們只需要全心全意欣賞它的美，如此一來，花朵和我們都會更加茁壯綻放。反之，要是我們因為收到一朵花而得意忘形，四處張望別人的花是不是比自己的還美，我們便會錯過這朵花，失去充實人生的契機，導致它逕自前往下一個人手中。而最重要的是，少了你的全神貫注，這朵花便會開始枯萎。

偶爾輸送帶也會傳來一袋熱呼呼的屎，這是前人的苦痛不請自來進入我們的生命。輸送帶傳來大便時，我們的手裡會出現一枝慈心化成的魔法棒，我們的工作不是揮揮魔法棒把它變不見，而是要用魔法棒輕觸這袋屎，如此才能以慈悲轉化痛苦。

這個工作確實不討喜，需要願意和別人的大便親密接觸，不過世界上沒有比這更重要的事了。當你收到一袋大便，就運用慈悲觸摸它，讓它因緣消散。之後，你又收到一袋大

---

2 真心不騙。

便，就再重複一次這個過程。最神奇的地方是，每當你用魔法棒碰一下大便，它就會搖身一變成為肥料。到了下一代，後人就能用肥料養育花朵，種下喜樂的種子。這正是苦痛生慈悲，慈悲生智慧，智慧則生喜悅。

有時候爛屎一袋接一袋來，實在是太超過了，偶爾還會出現奇形怪狀的屎，感覺就像吃壞肚子還是怎樣的。這時我們不禁想：「搞什麼鬼啊？該不會只有我整天拿到屎吧？為什麼會這樣？到底是哪裡出了問題？」一旦我們驚慌失措，這些大便就會跟著輸送帶，筆直朝未來世代而去。

這個神話故事蘊含著一個晦澀的道理：你不必因為傷害過自我或他人而羞愧難當，因為每一個人都分擔了前人的苦痛，每一個人也多少留下了一些苦痛給後人。正如生命的苦果皆非無中生有，唯有意識到苦痛都是無我構成，才能讓自己免於被苦痛定義。

此外，你我能做的還有轉化前人遺留的苦痛，即便是一點點也好，只要學會用慈悲接受它，就能讓生命開出喜樂的花朵。

第八章

療癒之路

你想飛，就要放棄那些拖累你的鳥事。

美國作家 ——
童妮・摩里森（Toni Morrison）

約翰・鄧恩（John Dunne）是我個人最欣賞的十大在世哲學家之一，他在我的排行榜上應該名列前茅。有一次，鄧恩參加學術研討會時被問及佛教的正義觀，他的回應是把筆丟到地上，接著反問眾人這支筆是否「活該掉到地上」。每當有人做了低劣不堪的事，我們就會想他們活該受到怎樣的處罰。那麼你呢？你值得被愛嗎？你活該承受生活的苦痛嗎？

鄧恩解釋佛教哲學不把重點放在眾生應受的報應，而是關切世間的因果，以及滅除眾生造作會對世間帶來什麼樣的苦痛。

如果我們不去在意別人值得什麼會如何？如果我們不去想應當發生的事，而是專注在已經發生的事又如何？如果我們徹底捨棄自我的正義觀，轉而思索如何盡量減少行為產生的苦痛，世界又會如何轉變？請思考下方文氏圖：

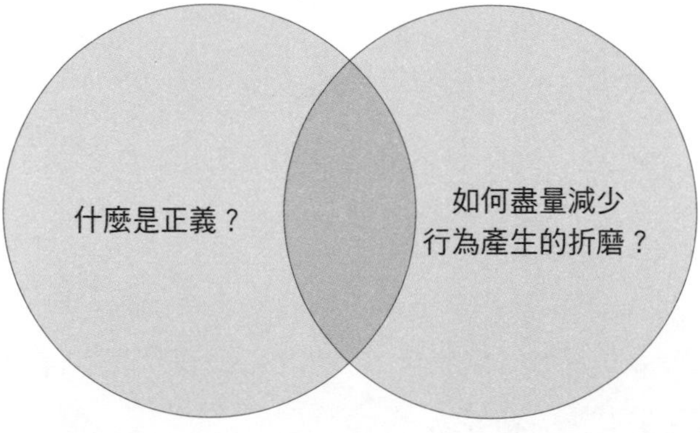

我認為盡量減少行為產生的苦痛（譬如可以用共享資源、和平共處等方法來改善），便能呼應正義的價值、人類值得的對待以及世間應當的秩序。再者，任何以「公義」為名卻無法減少苦痛的行為都離不開復仇、報應或狗屁不通的歪理，然而這些通通無濟於事。這種思考上的轉變至關重要，尤其是面對罪犯及其暴行，誠如後續即將登場的故事主角。

無法好好化解痛苦，將會禍害他人

傑德出身自一個特別不善寬宥的福音派教會。傑德來求助我的時候道出了強烈的羞愧感與自我厭惡，受到社會排擠的他時常有自殘的念頭，原因是他七歲時侵犯了自己五歲的妹妹。

隨後的故事關於療傷，關於轉化羞愧為懊悔，再轉化懊悔為積極保護兒童的承諾與行動。在進一步分享傑德的故事之前，我們得先討論一個事實，那就是很多人並不想知道傑德的故事。有些人認為傑德活該憎恨自己，他越痛苦越好，療癒他的傷口等同是讓他逃過一劫。而有些人則認為傑德可以療傷，但他們不想知道犯罪者的事，他們或許會說：「你怎麼不講他妹的故事？」實際上比起犯罪者，我幫助過更多世間上無辜受到重創的被害人。

然而，正因為傑德的故事令人難以下嚥，我才想跟你們分享。一旦了解眾生的苦痛不分你我，我們就會明白那些監獄的罪犯因為還懷抱著痛苦，所以他們更可能再去傷害別人，他們非常想把自己的痛苦轉移到任何與他們狹路相逢的倒霉人身上。

眾生的苦痛是共業；眾生的療癒也是共業。有些人也許會害怕這個想法，因為他們認為治癒帶有催眠的效果，會讓人忘記自己的所作所為。不過真正的療癒並不是將懊悔抹去，而是**把痛苦轉化為悲憫**，促使我們覺察自己的舉動對他人的影響。真正的療癒會**鞭策你我為他人而在**。現在關於傑德療癒的故事由此展開。

傑德在芝加哥的一場禪坐會上找到我，他一副快哭出來的樣子，希望能和我進行私人諮商。「我做了一件很糟糕的事，從那之後我真的是恨死自己了。有沒有辦法能讓我找回平靜？你做過類似的練習嗎？」傑德說。我向他表明轉化痛苦的方法不是沒有，但需要全心全意投入。我問他是否願意說出那件事，傑德照做了。我聽完之後表示自己幫得上忙，但是療癒的過程並不輕鬆。

「要我做什麼都行。」傑德說。我們大概沉默一分鐘之後，我引導他閉上雙眼，專注在體內的感官知覺。我問他感覺到什麼？傑德回答：「我好想死。」

「我了解，你體內有個聲音說好想死，沒有關係，不用急著現在就讓這股聲音消失。」我深呼吸後繼續說：「除此之外，你還有感覺到身體任何情緒嗎？有緊繃、躁動或任何類似的感覺嗎？」

傑德仍緊閉雙眼說：「感覺爆幹糟糕。好像有點想吐，而且我的臉變得很僵硬。我想就這樣消失在世界上。」

「沒關係，你做得很好，」我向傑德信心喊話。「現在試著放手去感受身體所有的情緒，不要趕走它們。就算覺得很難受也試著堅持一下，看你能不能與它們同在。這些感覺可能會變得更強烈，也可能會逐漸消退，或是仍維持原樣。你現在感覺到什麼呢？」

「還是一樣，沒有改變。但我不想再去感覺它們了。」

「你做得很好，」我說，「你的身體說不想再去感覺了。你覺察到的感官知覺，那些噁心想吐、僵硬緊繃就在你體內；你覺察到的排斥抗拒，對這些知覺的反感也在你體內。看看你能不能讓他們同時存在。它們原本就在你身體裡，現在你只是接納它們的存在。試著感覺一下。」

傑德仍閉著眼睛然後說：「有，它們都緩和一點了。」他的表情不再那麼猙獰，呼吸也慢了下來。

我花了一兩分鐘繼續引導傑德練習無條件接受身心的情緒。我發現他相對冷靜後，我請他想像自己還是七歲男孩的畫面，並且請他觀察這個小男孩是開心還是難過。

「他看起來有點緊張，好像在擔心什麼。我看得出來他很寂寞。」

「好，現在他就在你面前，你想對他說什麼嗎？」

「我恨透了你做的事。」傑德說。

「很好，可以告訴他為什麼你恨他做這件事嗎？」我用安撫的語氣說道。

傑德的聲音滿是憤怒地說：「因為你傷害了你妹妹，你應該要保護她。」

我安靜了一下之後開口說：「好，告訴他你沒有想過要讓他的妹妹受傷，然後問他是不是想傷害她。」

「我不想要妹妹受傷！」傑德幾近咆哮的怒吼，然後爆哭問道：「你是故意傷害她的嗎？」

「他怎麼說？」我問。

「他哭著說他不知道，他以為他們是在玩。」

「好。我希望你這樣回答他：『你以為你們只是在玩，但是你卻重重地傷害了你的妹妹，她會傷心很久很久很久。』就這樣告訴他，讓我知道他的反應。」

「他哭著說真的很對不起她，」傑德回答，「不過這有什麼意義？根本挽回不了任何事，傷害已經造成了。」

「沒錯，」我停了一下繼續說，「現在請你仔細看著這個七歲男孩。他在哭，而且他對自己造成的傷害感到非常懊惱。他不是故意要傷害任何人，可是他還是對別人帶來了傷痛。他現在才了解自己造成了多大的痛苦。我要你也看到這些痛苦和悔恨。慢慢來，你需要多久都行，直到你覺得有任何想對他說的話，請直接告訴他。」

傑德安靜了很久，最後他開口說：「幹！我只希望這一切都沒發生過。」

「試著跟男孩說你們同樣希望這沒發生過，」我說，他接著點點頭表示這是他的真心話，然後同樣說了一次。我接著說，「現在跟他說你明白他的心意，你明白如果他早就知道這樣會對妹妹造成創傷，他一開始就不會這樣做。讓我知道這是不是你們的真心話。」

傑德沒有回答，而是禁不住開始啜泣。最後他總算開口說：「我想恨他，可是他只是一個孩子。」他哭了好久之後抬頭看著我，「沒有用，我感覺更差了。那股厭惡好像不在了，但是我真的爆幹難過。」

「這是哀傷，」我說，「你開始切身體會哀傷的感覺。現在把注意力拉回你的身體，告訴我你覺察到什麼感官知覺。身體有緊繃、沉重或任何類似的感覺嗎？」

「我覺得胸口好像被重重壓住。」

「好，」我說，「看看能不能放手任由它存在。告訴這股重量『你想加重或減輕都隨你，我會承受你的所有重量，我為你而在』，注意它沒有把你壓得喘不過氣。」

傑德點點頭，然後沉默了好一陣子。我每隔幾分鐘便會提醒他要與那股重量同在，要去感受它的存在。最後傑德張開雙眼，整個人看起來筋疲力盡。「我無法承受這一切，我無法眼睜睜看著無力彌補的自己。」我了解他的感受，可是我知道他沒有自己所想的那樣無能為力。傑德又花了一點時間感受身體的哀傷，接著我們開始討論他能採取什麼行動，應該怎麼保護幼童免於性虐待。諮商來到了尾聲，傑德向我道謝之後便離開了。

那是我最後一次見到傑德，但我三不五時會收到他的信。他現在自發提倡與教育兒童性侵害防治，甚至跟許多家長分享自己的故事，一同探討捍衛兒童安全的策略。傑德跟我說每一次他對一群家長講述自己的故事時，他都會想像自己救了一個小孩。他還持續在練習感受哀痛，他說身體越來越能夠承受這股壓力，但他不知道這股壓力會不會有消失的一天。

好的，現在讓我們深呼吸、吐氣。這真的是一個很沉重的故事。

性暴力罪犯未必都能走過轉化痛苦的過程，也未必會很快或者有直接的成效。此外，根據研究證實，世界上存在許多真真正正的社會病態者[1]，無法在心理精神上同理他人。然而還有更多人是能夠療癒自我，卻沒有機會這麼做，尤其是美國人又特別擅長把別人的痛苦當垃圾。我衷心期盼這個故事能多少影響你待人處世的方式。

1 根據研究顯示，社會病態者大多在監獄，不然就是位居金融圈或政壇的權力高位。

療癒傷痛並不代表遺忘，而是讓我們更能安住身心

傑德的經歷想必觸動了一些人的神經，至於其他人或許多少鬆了一口氣，尤其是過去曾傷害別人且為此自責不已的人。無論你現在的感覺如何，你都能從中體會某些道理，並且把你的領悟化為力量，支持你完成更重要的目標。我們極力在狗屁倒灶的世界裡保持人性，但是過去的痛苦創傷卻讓我們覺得自己再也好不起來了。舊有的傷口會讓我們看什麼都像看到威脅，進而開啟大腦和身體的威脅反應機制，讓我們關上心門，陷入過往的深淵，絲毫看不見現在。

傑德的例子說明了療癒舊傷不會讓我們對自己傷害過別人感到快樂，也不會讓我們因為受到過傷害而感到開心。療癒既不代表裝傻，也不代表遺忘，療癒代表讓自己回到此身、此地、此刻，代表拒絕讓創傷定義我們是誰，而是讓創傷成為生命的一章。

療癒舊傷有助你我預防未來的創傷，因為我們已經懂得辨別安全和危險的差異，而不是一味地看見傷害。最重要的是，療癒舊傷能讓我們覺察平安、喜樂和愛的存在，並且在這當下安住。

啟動關懷迴路，減輕內心痛苦

請試想一棵一百歲的樹木，五十歲的它顯然還好好存在其中，你可以從年輪觀察到五十歲的它或二十歲的它，也就是說，這棵百年老樹的過去從未消失。

同理，人類與樹木也並無不同，人類過去的經歷就儲存在大腦神經網路的連結之中。舉例來說，假設你八歲時被狗咬，當下大腦就會建立新的神經連結，因為這就是大腦儲存資訊的方式。假如你仍舊多少受到這個經歷的影響，那就代表部分的連結還存在你的大腦，就像樹木的年輪一樣。

儘管人類無法改變過去，卻能夠改變大腦儲存記憶的方式，神經學家將這個過程稱為記憶再固化（memory reconsolidation），用以說明大腦會根據新的經歷不斷重寫或改寫我們的記憶，這個現象也獲得學界充分的研究[2]。這也是為什麼如果你目睹了犯罪過程，警方會

2 大腦精準記憶過去的經驗對人類演化的好處少之又少，反之，你的大腦會把重點放在改善預測未來的能力。人類所有的記憶都是材料，提供大腦創建模型以理解世界運作的模式，如此一來，我們才能更好地預測如何保護自我和滿足需求。

要求你不要向別人談論這件事，並且盡快對你作筆錄。現在我們已經知道了，你每談論一次你看到的事，記憶就會自動產生變化，就算你只是想到這件事也是一樣。

簡單來說，只要你觸發大腦的記憶，大腦就會進入神經學家所說的不穩定或變動狀態。在這個狀態下，人腦會根據當下發生的事創造新的神經連結。潘克沙普博士再三強調，記憶再固化會影響人類的情緒記憶。他做了一個實驗發現，任何時候只要哺乳動物，不管是老鼠、猴子或人類，能在提取痛苦回憶時啟動大腦的關懷迴路[3]，而大腦就會發展出新的記憶連結。當大腦將改寫後的記憶儲存為長期記憶後，也就是再固化，這項記憶就不會像原先那樣讓你如此痛苦。簡單來說，**痛苦記憶＋關懷迴路＝不那麼痛苦的記憶**。

這就是神經學界提供的情緒治療方式：在回憶過去創傷的同時連結當下的慈悲心，發揮存在體內的關愛去擁抱痛苦。假如你沒有發揮慈心療癒過去的傷痛，那就只是在回想和強化舊有的記憶而已。然而，只要我們學會用懷抱哭泣嬰兒的方式呵護自身的苦痛，那麼實質的轉化便會隨之而來。

練習前的注意事項

練習過程中可能會出現兩種障礙：

1. 你感覺自己無所適從，不知如何是好，這代表身體情緒過於沉重，超出慈悲心所能負荷。

2. 你無法秉持慈悲心對待自我。

假如你察覺以上任何一種情況，請停止練習，並參閱練習之後的「練習時感到無力招架的解方」，之後再回頭進行本練習。假如你曾經遭遇嚴重創傷，或容易受到強烈情緒影響而手足無措，則請配合專業心理諮商師進行本練習。

---

3 或是稱為「玩樂迴路」（Play Circuit），細節請參閱潘克沙普的著作《大腦考古學》（*The Archaeology of Mind*）（暫譯）

練習

- 選擇一件讓你感到痛苦的往事，最好先從輕微痛苦的記憶下手，不要一開始就選擇讓你痛苦不堪的回憶。小時候經歷的事或是今天以前的遭遇都可以。
- 回想事件本身和發生當下的你，你可以具體想像當時痛苦的處境，也可以想像當時的你自己就好。
- 一旦想像的畫面清晰呈現後，請開始去注意身體浮現的感官情緒。你可能會有緊繃、躁動或任何類似的感覺。假如感覺的強度落在四到七分之間，這代表你選擇的練習材料剛剛好；假如強度小於四，則請另外選擇一個稍微更難受一點的經歷；假如強度在八分以上，則請選擇較不難受的經歷。
- 確定好適當強度的經歷後，請專注在體內的感官情緒，允許自己去感受那些知覺，不要試著改變它們。請任由它們增強或減弱，讓它們隨心所欲存在。請在這個步驟堅持至少五分鐘。
- 現在開始思索能觸發你產生慈悲的力量，也許是一個人或一種生物，能愛護及接納處於苦痛的你。對方可能是成人的你、認識的人、宗教人物或動物，也可以是任何一種東西。請全神貫注在慈悲的力量，直到你感受體內出現一絲溫暖、開放或任何類似的生理反應，這代表你已經啟動關懷迴路。

- 現在想像慈悲的力量將愛與包容傳遞到承受痛苦的部位。你可以藉由說好話、散發某種能量或單純表達關懷來傳遞慈悲。最重要的是傳遞的方式要能讓你感受到關愛。
- 感覺身心獲得舒緩則請持續練習。

這個練習的方式是刻意運用記憶再固化治癒過去的傷痛，也就是首先開啟痛苦的回憶，接著同時間啟動大腦的關懷迴路。假如完成練習後感覺身心舒放，那麼你可以每天以此療癒自我。

練習時感到無力招架的解方

回想一段痛苦的往事是很煎熬的，這時候我們可以利用練習幫助自己召喚慈悲的力量，讓身心回到當下，運用正面的情緒療傷。假如你曾經遭遇重大創傷、解離與成癮症狀，或你本身就很容易受到強烈情緒影響而不知所措，那你應該先進行這項練習。等到你學會發揮慈悲的力量後，才能運用慈悲調節身體的情緒，這對你回想痛苦的經歷較為安全。

試著進行以下兩項「傳遞慈心」的練習，看看哪一種練習對你來說更強而有力。假如以下兩種練習都無法舒緩身體的話，則請參閱下一章。

練習 ❶

- 閉上雙眼想像某個人或物。**對方必須能帶給你自然樸實的溫暖與愛**，可以是嬰兒、動物或小動物，通通都行。
- 請仔細描繪該對象的細節，並且細察體內的感官情緒。你是否感覺到溫暖、開放或類似的情緒？請任由它隨心所欲增強。
- 心中產生鮮明的形象後，請試著訴說以下的話（可視需求更改或捨棄內容）：「願你開心快樂，願你健康安在，願你安心無虞，願你備受疼愛。」假如體內的正向情緒逐漸茁壯，則請持續反覆訴說。

- 感覺身心獲得舒緩，則持續練習。

練習 ❷

- 閉上雙眼想像某個人或物，**對方不僅能接納真實的你，還能讓你感覺備受關愛**，可以是一個你認識的人、信仰的宗教人物、一道白光或任何東西皆可。
- 請仔細描繪該對象的細節，並且細察體內的感官情緒。你是否感覺到溫暖、開放或類似的情緒？請任由它隨心所欲增強。
- 觀察你是否感覺到關愛與包容，並允許身體去接納這些感覺。
- 現在想像對方說：「願你開心快樂，願你健康安在，願你安心無虞，願你備受疼愛。」可以視需求調整內容。假如體內的正向情緒逐漸茁壯，則請持續反覆訴說。
- 感覺身心獲得舒緩，則持續練習。

第九章

你沒有失心瘋，只是被執念困住了

人們喪失動力的禍首往往是自以為的無能為力。

美國作家兼社運人士——
愛麗絲．華克（Alice Walker）

二十多歲的我，幾乎花費所有時間精力在跟一個完全不適合我的女人交往，當時我們是遠距離戀愛，她在科羅拉多州的丹佛讀醫學院，我則住在加州的奧克蘭。

那時候的我，傻就算了，還一心一意沉浸在愛情的世界，甚至蠢到會想傷害自己的地步。不管朋友怎麼勸我，直指這段感情是個錯誤，我仍舊像個該死的藤壺死纏爛打，既不想放手也放不了手。

對方是集聰明與美麗於一身的女人，我們電話聊的都是超有趣的東西，一下是各種學術研究，一下是古典或前衛藝術，光是聊天內容就能開個Podcast節目。然而，要是我沒有時時獻殷勤或表現出色，她就不會對我展現熱情。她知道如何表達電力十足的愛，可是只有在我說了特別有意義或風趣的話，或是為她做了什麼別出心裁的事，她才會特別對我表達情感。

要是我的笑話不好笑，或者更糟的是，如果我的狀況不好，她就會完全收回對我的愛。正因如此，我必須時常寫歌送她或飛到丹佛給她驚喜（儘管當時我在工地打工，幾乎沒什麼錢）。這一切的一切都讓我苦不堪言。

特別是每當我生活不順遂，或者付出大量心血要討她開心，她卻為了醫學院的事累到無法回應我期望的感情時，我們的關係就會陷入地獄般的漩渦。總而言之就是我渴望獲得關愛卻無法如願以償，便會意志消沉，她就會認為這樣的我沒有魅力，因此更加抽離這段關係。有時候我甚至必須開口求她說點好聽的話，但就算是我做到這種地步，也只能換來她的冷眼相待。

如果你是我二十幾歲時的朋友，非常抱歉，那時候的我真的是個魯蛇。我在感情上表現得一團糟，老是抱怨同樣的事卻又不肯下定決心離開。我還跟別人說她是我交過最聰明、最有趣的女朋友，如果分手了，我就再也不會找到像她一樣的人了。當然啦，這種想法簡直大錯特錯，所有人都懂這個道理，但那時我就是當局者迷。現在偶爾我會想，如果二十幾歲時能跟住在同一個城市的人交往，我大概會更有魅力多了。不過這都是事後諸葛，事實就是我一廂情願當個愛情傻瓜。

也許我不是傻瓜，而是大腦不知如何變通

我知道自己那時肯定像是不理智又不知道在想什麼的傻瓜，浪費大把的青春在一段慘

不忍睹的關係。然而不只是我，很多人都在幹這種傻事。我們會傷害自己、違背理智行事，明明知道該怎麼做卻反其道而行。不過單純定義自己傻並沒有幫助，我們必須理解行為產生的過程才能有所改變，就算一時改變不了，也能多少擺脫愧對自己的感覺。

事實上，只要了解大腦的實際運作，就能知道人為什麼會自討苦吃。你以為的大腦和真正的大腦其實不一樣，它不是一次只處理一件事，而是同一個時間處理好多事。根據研究指出，人腦隨時隨地都在進行上百萬種（部分研究者認為是數十億種）不同的心智歷程[1]（mental process）。就拿現在來說，它一邊調節心臟跳動次數，一邊維持人體平衡感，還要把書或螢幕上的抽象圖形轉換為具體的文字與想法，並且將這些想法與過去的經歷做比較。人腦幾乎不費「你」吹灰之力同時處理所有事。

只要所有的心智歷程分工和諧，人們就能活在愉快的腳本裡，當自己是一次只思考一件事、面對一件事也只有一種感覺的一個人。相對的，唯有心智歷程彼此分歧，人們才會意識到大腦的多重性。舉例來說，假設你對新工作既期待又感到焦慮，那是因為兩個不同的你，也就是同時經歷兩種不同心智歷程的你，看待同一種情況會有的不同見解。

客觀來說，你面對的是一個無法預測的情況，不過不同的你會有不同的預測視角。設想你的大腦存在兩種不同的神經網路[2]（neural network）模型，一種是由「改變會讓日子過得更好」的經歷形成，另一種則建構自過去失敗的經驗。前者處理換工作這項資訊的歷程是：新工作象徵新開始，新開始意味著改變，而「改變會讓日子過得更好」，所以新開始＝生活變好，如此一來，這種神經網路就會觸發大腦的正向情緒，進而讓你對換工作抱有期待之情。

反之，面對同一種客觀的情況，另一種失敗經驗構成的神經網路模型也會發展出與之相應的心智歷程，作出截然不同的評斷。這套神經網路在處理資訊的過程中會去尋找任何可能失敗的跡象，只要新工作有某些地方符合類似特徵，好比說新工作要認識新的人，但是認識新的人＝有些人並不友善，或者新工作代表要嘗試新事物，可是嘗試新事物＝失敗，諸如此類的預測便會導致這個神經網路觸發負面情緒讓你感到焦慮。兩種不同的神經

---

1 譯註：指大腦神經網路處理知識和資訊的過程，即思考、記憶、推理與規劃。

2 譯註：人類大腦是由大約一千零十一個神經元（Neuron，即神經細胞）所組成，每個神經元又帶有10^{14}個突觸（Synapse）與其他神經元相互連結，進而形成極其複雜的神經網路。神經網路不僅可以進行大量的平行計算，還具備分散儲存與處理資訊的能力。

網路會發展出不同的心智歷程，進而產生不同的判斷，而不同的判斷就會對大腦和身體產生不同的情緒反應，所以你在同一時間就會覺得「五味雜陳」。

認識大腦的多重性有助於人們理解他人的行為。一個人之所以行事有違理智，或作繭自縛，並不是因為這一個人不理智，而是因為這一個人**針對單一情況發展出不同的心智歷程，而不同歷程的預測結果又互相衝突**，所以這個人的行為舉止才會顯得與理智相悖。然而，每一段心智歷程事實上都是根據有限的觀點作出理性的判斷。

「我知道應該分手，可是又覺得放棄這麼特別的女生太可惜了，」我發誓自己跟朋友說這句話時，過去研讀臨床心理學、禪修與一堆勵志書籍建構的神經網路模型也在衡量這段感情，並且一邊說：「這樣不健康，你渴望的是能在艱難時刻支持你的伴侶，這是一段關係最基本的道理了吧。」正因如此才會有人說「你其實知道怎麼做比較好」。我認為準確來說應該是「某部分的你」其實知道怎麼做比較好。

於此同時，另一種神經網路則是以截然不同的眼光評價這段感情。要了解這部分的我，你必須多了解一點我的童年。我生長在一個單親家庭，母親有酗酒習慣，可是她在我八歲時開始戒酒並參加匿名戒酒會。儘管如此，母親在我的成長過程中正好處於無法觸接他人的情感[3]（emotionally unavailable）。幸好我們自此以後都成長了不少，現在也更懂得彼此的相處之道，然而回首過去也是漫漫長路。

直至今日，我的母親還是不太能應對他人的痛苦，每當她愛的人難過沮喪，她就會比對方更悲傷失落。小時候只要我受傷，她就會比我還痛。有一次我在家附近騎腳踏車，結果被一輛車撞飛了幾個路口。鄰居去通風報信後，她立刻衝到大馬路上看我怎麼樣。我記得躺在水泥地上等待救護車時，我還得一邊安撫她的情緒，讓她冷靜下來。

母親也相當以我為榮，我的任何成功都會讓她異常興奮激動。這種模式的親密感跟那個無情前任帶給我的感覺極度相像。我的功成名就會換來母親的讚不絕口，這是她表達情感的方式，不過要是我遭受挫折，她就會驚慌失措，以致於無法照顧我的心情。

我現在理所當然能侃侃而談，不過小時候的我顯然不懂這些，所以幼兒大腦的神經元試圖生出一套故事去理解這種親密關係的模式，並且建構一種模型解釋我是誰，說明這個

3 譯註：無法觸接他人情感是情感失能（emotional unavailability）的表現，指無法或不擅在親密關係中應對與處理對方的情緒，因而傾向和他人保持距離，以致於難以維繫親密關係。

我應該怎麼做才能獲得需要的關愛。最後神經網路產生的故事是：「你值得被愛時，母親就會愛你；唯有表現出色，才值得被愛」。所以當我遇到前女友，過去的神經元就會跳出來說：「讚！天生一對！她只會在你值得被愛的時候才愛你，所以她的愛比那些無時無刻賦予你關愛的怪人還要真摯。」

當時的我對有條件的疼愛上了癮，卯足全力爭取這種愛，如願以償便心滿意足。我非常熟悉這種感覺，這和大腦建構的「表現出色才值得被愛」的故事吻合。不過這套故事的反面代表我相信自己有時候不值得被愛，而這種生活信念簡直糟糕透頂。

執著錯誤的愛情，是童年的傷仍未治好

我很難理解缺乏關愛的童年與缺乏熱情的感情彼此相關，畢竟我腦中有上百萬個理由能說服自己跟前女友是天生一對。直到一個朋友實在看不下去我老是為愛自怨自艾，終於出手幫助我梳理兩者間千絲萬縷的關係。這個朋友鑽研臨床心理學，平時也有練習禪修的習慣。

他要我開始想像前女友漠視我渴望關愛的模樣。此情此景不難描繪，畢竟這也算是家常便飯。接著他要我回想自己乞求她釋出一絲善意的時刻，同時去覺察身體的知覺。這段想像的過程持續了好久，一方面是幫助我細察身體情緒，一方面則是趁機虐待我吧（我猜）。

接下來好幾分鐘，我就這樣坐著，什麼也不做，任由烏煙瘴氣的感官知覺存在。然後他問了我一個問題，此後我也問過上萬人同樣的問題：「你還記得自己第一次有相同的感覺是什麼時候嗎？」此刻，我意識到這段感情是在重蹈覆轍我與母親最痛苦的經歷。我的所有防禦應聲瓦解。一旦親身體悟，就再也無法視而不見，一切就到此為止，當晚我們就分手了。單身好一陣子以後，我發現自己有生以來頭一次深受無條件支持我的女人所吸引。

一舉突破關鍵的神經網路

回想的過程中發生什麼事？為什麼能讓我有如此深刻的轉變？我知道如果他只是跟我說「你女朋友跟你媽很像」，我會當是耳邊風置之不理，畢竟他不是沒說過，只是我的態度一直是那樣。不過這次不同，他不只是告訴我，也不只是證明給我看，他是告訴那個拒絕分手的我，並且證明給那個部分的我看。

這裡我想多談一點數百萬種神經網路分工合作（或不合作）的模式，方便大家理解人類的思考過程。在我還是小孩的時候，大腦的小小神經元相互聯手形成了一個神經網路，並編造了一套故事歸納出「表現出色才值得被愛」，藉此解釋母親時冷時熱的原因。這套故事一向預測得很準，總是能知道我什麼時候會或不會獲得母愛。每一次只要故事預測正確，我的大腦就會說：「這套故事一定是真的」，然後相應的神經網路就會發育得更成熟，最後就變成核心信念。

現在我們已經知道神經網路如何形成信念，接下來我們要綜觀大腦的組織分工來了解神經網路的角色。一旦神經網路的故事達到一定的預測準度，它就會幾乎對所有反證免疫。目前我們還不了解原因，不過計算神經學家有幾種不同的想法。

其中我認為最好理解的設想是這樣的：神經網路編造的故事一開始還在試用階段，而大腦的高階功能部位也在監督故事預測母親的行為是否準確。人腦的高階功能部位就如同品管人員，無時無刻接觸、檢驗大量資訊，包括我有意識觀察到的一切。一旦「表現出色才值得被愛」連續五千次正確預測母親的行為，品管員就會認定：「這套說法顯然沒問題，可以通過試用期。接下來我要把注意力放在其他事情上了。」基本上自此以後，這套故事就再也不受任何監督了。

故事不再受到監督會怎樣？答案是它會幾乎對所有反證免疫，而這就牽涉到大腦儲存能量來處理資訊的方式了。大腦的神經網路會自動無視所有跟故事無關的資訊，除非個體有需要，否則它會一直維持休息的狀態。舉例來說，除非你處在需要禮節的情境，否則平時掌管禮儀的神經網路應該都在睡覺。反之，假設你到一家高級餐廳用餐，負責禮節的神經網路就會醒過來上工，維持你的坐姿端正。

這麼一來，相信「表現出色才值得被愛」的我會一直處在休息狀態，任何與故事無關的經歷都不會喚醒相應的神經網路。反之，只要跟母親相處，或跟任何具有類似親密模式的人在一起，這套神經網路就會進入活動狀態。儘管上大學之後我開始遇到越來越多無條件支持我的人，這套神經網路也不會處理相關的訊號，因為這種新的互動模式並不符合原先的故事，所以屬於不相關的資訊。正因如此，儘管反證排山倒海而來，我的核心信念依舊維持數年屹立不搖。換言之，符合故事邏輯的資訊才能喚醒這套神經網路，而與故事唱反調的資訊則無法叫醒它。

一旦大腦的核心信念固化，它就會深深影響我對親密關係的看法。儘管無條件的支持給我的感覺很好，卻不是我熟悉的互動模式。另一方面，只有我表現出色才對我好的人則會啟動大腦中的那個我，告訴我「這才是真愛」。

我的朋友之所以能幫助我放下這套故事是因為他知道如何叫醒它。他知道只要這套神經網路一直處於休息狀態，就算提供再多的反證，也無法動搖這個核心信念半分。所以他要我想像和前女友互動最脫軌的模樣，等到他確定所有關於這套故事的神經網路都甦醒並且活躍，那麼一丁點的反證便能徹底將它瓦解。

如果討厭自己，又怎麼能保持人性？

每個人多少都有討厭自己或想改變的地方，有些人習慣譴責自我、有些人傾向自討苦吃，不然就是無法持之以恆改善生活，還有些人則是不由自主會傷害或厭惡自我。

我在第三章請大家以擁抱哭泣嬰兒的方式來面對痛苦，問題是有些痛苦像極了面目可憎的妖魔鬼怪，一副要把我們生吞活剝的模樣，實在很難讓人把它當作是可愛的小寶寶。既然如此，又該怎麼以溫柔的慈悲心看待那個討人厭的自我呢？

一行禪師曾說：「理解就是愛」，他相信只要深入了解世間萬物，即使再醜惡的部分也能徹底變得討人喜愛。關愛這個世界不代表放棄改變社會，關愛這個世界也不代表放棄抵抗暴力與壓迫，關愛這個世界代表我們允許自己窮盡畢生之力投身改革、捍衛正義。

這裡說的關愛與認同是截然不同的兩件事。學會關愛自我批判的聲音並不是認同它，而是意味著我們能**凝視痛苦本身，覺察它極力尋求出口的管道**。儘管苦痛自我表達的方式爛到爆，我依舊能看見淒美的人性存在其中，它掙扎著脫離苦海卻遍尋不著方法，如同困在高樓大廈裡的驚弓之鳥，一遍又一遍地衝撞緊閉的門窗，只為了重獲自由與安全。我知道深藏在苦痛之下的是生存的動能，而這股動能就是感化我將心比心的力量。這般澄明的領悟將使你我心中的溫柔油然而生，讓人產生共鳴而殷切伸出援手。

練習

這項練習將幫助你面對那個不理智或拒絕改變的自我，透過了解那部分的自我來培養對自己的慈悲心，轉化痛苦為前進的動力。

- 請思考你期許自我能有所改變的部分，尤其是曾經以失敗收場的嘗試。請詳細描述你希望這個部分的自我能有什麼改變。假如你希望改變的是某種情況，請說出並寫下你希望自己的作為、感受或想法產生什麼變化。
- 想像自己身歷其境且畫面必須足夠清晰以引發身體的情緒，情緒的理想強度為四到七分。
- 花一點時間感受身體的情緒，請任由它們增強或減弱，讓它們隨心所欲存在。當你慢慢靠近自我渴望改變的部分時，請抱持開放的態度，專注在身體的知覺，歡迎任何感覺的存在。
- 覺察到身體的感受之後，請試著告訴它們以下的句子，並且觀察是否有任何一句為真：

➤「某部分的我不想停止感受這些情緒，或者是某部分的我想繼續這樣對待自己」；

➤「某部分的我不想放手」；

➤「某部分的我覺得自己活該」；

請細察是否有任何一句說中你的心聲，假如沒有也沒關係。

• 捫心自問：「還記得自己第一次有相同的感覺是什麼時候嗎？」假如你想起某段回憶，請接著想像自己身歷其境；假如你沒有想到任何往事也不用擔心，請進入下一個步驟。

• 持續感受身體的情緒，感覺自己正在接觸那部分的自我。試著告訴自己：「我準備好傾聽你的心聲，你可以跟我說你在做什麼、你的目的是什麼，為什麼這對你來說非常重要。我不會攻擊你。」說完之後，請觀察身體浮現的知覺。

• 確定自己已經喚醒渴望改變的部分，並且能覺察隨之而來的身體情緒，接著請尋找行為或故事背後的生存目的，它很有可能是情緒創傷所引發的反應。請將心比心看待這部分的自我，這個我一定是相信這個行為或故事能解決某個重要的問題才會這樣做。

- 現在請你大聲說出以下的句子，並在底線處將任何心中浮現的念頭說出來，你的心聲未必要有任何意思。請說「我拒絕以慈悲心面對自己（或愛自己）是因為如果我這麼做，＿＿＿＿＿＿。」請重複至少五次。
- 說出引發這套故事或行為的情緒創傷，接著嘗試描述這套故事如何對自我產生意義，或者這個行為企圖怎樣保護自我。
- 請用慈悲心呵護這道情緒創傷，彷彿懷抱哭泣的嬰兒一般。
- 請正視導致問題的行為或故事，並且與之展開對話。不要把那部分的自我視為敵人，你要讓他知道你是來幫忙的，並且細心分享那部分的自我所不知道的任何資訊。

假如我們能學會關愛醜陋的自我，就能輕鬆學會同理他人的傷痛。這個練習便是教你如何深觀醜惡、愚蠢、無理和失能的實相，以美麗的生存動機為前提看待那部分的自我，看見它如何緊抓著負面的能量只為了生存下去。一旦我們習慣從這個視角看待世間萬物，自然就能看見別人失常的行為背後存在的生存動機。

第十章

認清事實，就能無所畏懼

我認為人類偉大的準則在於命運之愛，在於追求此刻無有異同，不在未來也無關過去，而是承擔生命的必然，面對它、熱愛它。

德國哲學家——
弗里德里希·尼采（Friedrich Nietzsche）

二〇〇五年夏天正逢研究所放暑假，我有幸拿到梅村提供的打工換宿機會，可以免費住在佛寺三個月與一行禪師一同修行。當時光是機票錢就花掉我所有積蓄，我也索性把全部家當都打包放到貨卡車上，打算寄車後就直接去坐飛機。

只可惜計畫趕不上變化。起飛前一晚我睡在奧克蘭朋友家的沙發上，醒來之後我發現停車的地方只剩一堆碎玻璃，我在這世上的所有財產（包括護照）通通都不見了。我不僅身無分文、無家可歸還一無所有（實際上是只剩背包裡的衣服）。我飛往法國的來回機票還在，但是沒有護照，最糟的是跟一行禪師修習的機會就這樣灰飛煙滅。處在頓失所有的當下，我笑了。而這個處境，讓我聯想到一個故事。

某天，佛陀和一眾比丘在山裡享用化緣得來的食物時，有個農夫沿路哭吼著跑上來，他遇見佛陀便說：「聖者，你有看到我的牛群嗎？我今天早上醒來發現牠們都不見了。我在這世上就只剩那麼幾隻牛，除此之外一無所有。幾個星期前，害蟲把芝麻都吃光了，要是這次找不回牛群，我就完蛋了，只剩死路一條。聖者，求求你告訴我牛群有沒有經過這裡？」

佛陀滿是慈悲地看著農夫說：「抱歉，我們沒有看見牛群經過這裡，也許你可以往另一個方向找找看。」農夫聽完便哭著跑走了。佛陀待農夫的身影消失後看向比丘，給出一抹燦爛的微笑說：「你們真幸運，因為你們一條牛也沒有。」

這群比丘追隨佛陀放棄俗世的一切，住在林中深處且身無長物，終日以托缽乞食過活。其實「比丘」一詞翻譯自巴利文bhikkhu，意即「乞士」。這則故事的啟示是「放下執著就能無所畏懼」。儘管失去牛群與放走牛群的意義截然不同，但結果都是一樣的，只不過有些人面對結果是搥胸頓足，有些人則是自在灑脫。

放走牛群不代表不愛牠們，更不代表實際放生牠們，這比較像是一種心理狀態，也就是你明白即使沒有牛群，生命依然會譜出動人的旋律，無論牠們**在或不在，你都能安然自若**。說真的，放手才能愛得更徹底，只要我能放下對人、事、物的執著，我便能珍視他們存在生命裡的每分每秒，而不是時時刻刻害怕失去。

那天清晨，我走出朋友家看見貨卡消失得無影無蹤，我的第一個反應是笑出來，然後告訴自己：「現在不怕失去貨卡了。」隨後我跟朋友去報案，他在家中跟警方作筆錄，我則搭順風車去舊金山市中心的護照辦事處處理後續。說也奇妙，辦事處人員即時幫我換好了護照，我也就順利地趕上航班。飛機起飛後進入大西洋上空，身在海平面上方一千公里處的我，頓時感到無比的輕鬆和滿足。

遺憾的是我並非一直這麼怡然自得，光說今天下午的禪修就讓我覺得自己真的是一塌糊塗。我在書寫本章的此刻，安妮正在進行苦痛至極的療程。她除了化療外，每一天都要接受放療，而且明天早上還要動手術。放療真他媽的可怕，在高能量輻射的照射下，安妮的身體多半處在疼痛之中，整個人更形心力交瘁。加上後來療程越來越密集，安妮和岳母便在醫院附近住下，我則負責在家帶小孩。她不在家的這一個星期也一直很想念我跟兒子（尤其是兒子）。

安妮昨天難得回家，今天下午就又得強忍著悲傷離開我們。安妮在上車的路上向我抒發心情，她說自己頭一次在小孩出生後離家這麼長一段時間，身體的疼痛感越來越劇烈，沒完沒了的手術更讓她身心俱疲，一切都要把她給壓垮了。我們一邊走，安妮一邊說，然而我整個人卻心不在焉，身體硬梆梆的，臉跟石頭做的一樣，她說的話也是左耳進右耳出。我看得出來安妮對我的漫不經心感到失望，但是我覺得自己已經被掏空了，給不出任何東西了。

車子開走之後，我坐在樹下回想前幾分鐘的事，兒子則在一旁玩耍。我首先覺得自己實在無地自容，我正在寫的這本書都在教別人活在當下，自己卻在最關鍵的時刻徹底失神，我根本就是個大騙子。

坐在樹下的我把注意力放在呼吸上，嘗試把自己拉回此刻。我知道自己已經迷失在自我編造的故事和評斷之中，所以我問自己：「此時此刻什麼是真實的？有什麼是我確切知道的？」我靜靜坐著的同時內在湧現一股力量，它允許我覺得自己是個騙子，它輕聲說：「你可以是騙子，沒關係，我還是會為你而在。」這道聲音浮現時，整個身體也逐漸放鬆下來。我的心智在後續一兩分鐘裡維持全然的空白，接著我聽到一個聲音說：「我不想和她待在一起，太沉重了，我只想離開。」於此同時，我也接納這道心聲的存在。

儘管心裡傳來各種不同的聲音，仍舊還有一處空白說：「這是人之常情，而且令人動容。任何生物都會討厭痛苦，這股厭惡也是自我生命的一部分。」我雙手環抱自己，任由這股厭惡隨心所欲增強或減弱。同時我也低聲對自己說：「你不想承受痛苦，你也不想看他人承受痛苦，這是理所當然的。」此刻，我感覺到心中的慈悲與包容如清泉般洗淨了我的壓力、恐懼與羞愧。我總算看見身而為人的自己和世間萬物沒有不同，我們的存在是如此美麗而渺小，更是世間萬物無以割捨的部分。我的心繼續為自己敞開，那一刻我目睹生命的美，美得令我無可言喻。

幸好後來那天的計畫有變，安妮在手術前還有時間見我們，所以那天深夜我又能和安妮待在一起。這一次我們的相處和下午有所不同，我能夠活在當下與她相守。我跟安妮坐在一起，握著她的手，傾聽她說話。我仍舊能感受到自己厭惡安妮受苦的情緒，不過這一次我並沒有感到羞愧難當，而是能用愛跟它打招呼。我的內心有道溫柔的聲音說：「看著她受苦當然很煎熬，你不想感受痛苦也是人之常情。不過現在就讓我們活在當下，把握機會做好陪伴這件事。」當我擁抱這股厭惡時，它也隨之輕盈了。

有時候你的牛可能是一輛貨卡，有時候可能是一個念頭，而我認為最難讓人放下的牛群則是人們對自己的看法。我時常覺得自己是一個能活在當下、陪伴所愛之人受苦的人，不過我太執著於自我的形象，以致於無法覺知此刻。當我允許自己成為表裡不一的騙子時，我也是在放下這個自我的形象，如此一來我才能獲得真正的解脫，充分正視且無懼身為人的感覺。

接納無知的自己

人們往往因為執念太深以致於看不見世間萬物的實相。你可能認為自己絕頂聰明，所以碰上百思不得其解的事，你就會拒絕承認這個事實。你或許認定某些意識形態的人是喪心病狂的垃圾，因而無法跟他們任何人展開實質的對話。人們對自身的信念越有把握越難以自拔，只要過於堅持某些念頭就容不下其他教誨，也無法發展實質的交流。

南隱是日本明治時代著名的禪師，一生致力專研禪理。當時一名堪稱天才的大學教授不僅精通各大哲學流派，更獲譽為國內一流的辯論高手。有一天，這位教授特地去拜訪南隱禪師，表面上是問禪，實際上是想證明自己的學識更勝一籌。

南隱請教授進禪房坐下後準備倒茶給他喝，這時教授以充滿敵意的語氣問道：「禪的真諦是什麼？」禪師邊聽邊將茶倒進教授的杯子裡，杯子滿了之後南隱仍舊沒有停手，茶水都流到地上了。教授見狀仍試圖保持鎮定，最後還是按耐不住吼道：「茶杯滿了！已經沒有空間能倒茶了！」禪師便停下手並說：「你的心就如同這只杯子，充滿了你的定見與想法，再也沒有空間可以容納禪理了。」舊金山禪修中心創辦人鈴木俊隆總結這則故事，並說道：「生手的心識無可限量，老手則所剩無幾。」

虛心受教的故事所在多有，而箇中真諦就在於「接納一無所知的自己」。既然能接納自我無知，也就不必裝作什麼都懂，還能正視無知並從中學習。假如能多少放下對信念的執著，就能以開放的心態吸收生命的教誨。

只要信念不再被我緊抓不放，我便能放下執念，不為其所困。問題是執念是障蔽，光是存在就會影響人們觀照世界，倘若任由障蔽存在，人們就會變得驕矜自滿。然而，現在可不是自鳴得意的時候。

想法是模型，執念是陷阱

執念是摧毀人際關係的元兇。一個有血有肉的人是不計其數的無我和合延續而成，而一個活生生的人，生來就受到莫名的力量驅使積極地趨利避害，即便我們不曉得應該怎麼做。然而，儘管你我同為人類，我們交流的對象卻多半不是對方，而是自身的想法和對他人的預設。

無論是促使阿姨支持川普的動機，還是我小學四年級的老師有情緒虐待學生的問題，或者朋友蓋瑞其實是被埋沒的天才等等，所有事情我都有自己的一套想法。要是誰說我的想法是錯的，我絕對會跟對方幹到底。情感上的我相信自己的想法都是千真萬確的，理智上的我則認為這種想法愚不可及。

其實諸如此類的想法不過是人類思考的模型，這些模型遠比現實的一切還要簡化多了。一旦對某人抱有成見，就無法放開心胸接受對方的實相。執念就是當現實與模型相互牴觸時，一個人會選擇相信模型，現實的什麼都閃邊。

反之，心無執念就代表比起模型更在乎萬物的實相，而要證得萬物的實相就要先了解人類的念想不過是世界的模型，而非世界本身。你的想法永遠不會與現實如出一轍，如同一紙地圖無法完美呈現各色山川地貌一般。縱使地圖完美無誤也不過是簡化版的世界，無法全然代表世界。一個人試圖理解環境的所有實相，就如同阿根廷作家波赫士（Jorge Luis Borges）筆下的製圖師一樣荒謬。波赫士在〈嚴謹的科學〉（On Exactitude in Science）中說了一個小故事：繪圖協會的製圖師為了製作出一幅完美的帝國地圖，不惜畫出一張尺寸大小與帝國版圖一樣的圖表；然而儘管地圖再浩瀚無垠也終究一無是處。

一旦忘記想法只是模型就會落入陷阱：我的阿姨不是不講理的人，可是在我眼裡她就是不可理喻；小學四年級的老師並非邪惡的化身，可是在我看來她就是惡貫滿盈；蓋瑞並非完人，可是在我的腦海中他就是無可挑剔。然而，只要我們願意放下執著與成見，時時修正他人與世界在你我心中的模型，我們就可以和他人建立真正的連結，實實在在接受世間萬物的薰陶。

和執念當朋友，理解但不全盤接受

多數人一心一意沉浸在執念真的很不理智。我們都知道人非聖賢，孰能無過，只要是人都會有誤解或誤會某人某事的時候。回顧你我誤判的時刻更是所在多有，譬如「那個人一定討厭我」，或者「後院的聲音一定是熊」，諸如此類的想法最後都證明並不屬實。儘管如此，人們接下來還是會繼續沉浸在自以為真的想法之中。我們一方面承認過去的預設有問題，一方面依然故我地認為此刻腦中的設想千真萬確，並為此深信不疑。

對待執念最有用的方式是把它當成好朋友，一個時常自顧自提供意見與建議的好朋友。假如有個真的很在意你的朋友不時出一堆意見，你會怎麼看待他說的話？你不應該馬上反駁或無視他，因為對方是出於關心才會幫你出主意，況且那些話未必都不正確。反之，你也不該毫無疑問照單全收。理想狀況是記下對方的建議然後表達謝意，並且先檢驗是否有可信之處後，再付諸執行。

越是了解心智的運作模式，越有可能讓自己遠離我執的陷阱。許多計算神經學家都蠻癡迷於一個叫做貝葉斯大腦假說（Bayesian brain hypothesis）的理論。基本上這套理論主張，大腦建構的世界模型主要是為了預測未來的事。有些理論光聽就知道無法預測未來，例如顱相學。畢竟鄰居的頭骨形狀不會告訴你任何事，包括他會不會哪一天來搶劫你。但有些理論就善於預測未來的結果，譬如牛頓力學。這項理論可以幫助人類預測特定質量的撞球被以特定角度擊出後會停在什麼位置，而且結果也會相當準確。

根據貝葉斯大腦假說，每次只要模型成功預測某事，人們就會更加確定自身信念的準度；只不過預測的準度永遠無法達到百分之百，因為信念只是大腦根據不完全的資訊打造出來的模型罷了。

假如能訓練自己認清自我的世界觀只是近似現實的模型，需要時時提供新的經歷修正細節，我們就能加強認知彈性（cognitive flexibility），因應情況改變思維模型以吸收新知、壯大心志，並建立實際的連結。我們一來要避免極端的相對主義，因為信念確實是建構自人類對世界的經驗，未必不能作為情況的判準；二來也要避免對信念深信不疑，因為信念只是大腦簡化處理後創造的模型，而非世界的實相。

練習

- 選定某個自己堅持，但別人反對的信念。
- 任由這個信念充斥你的思緒，感受自己完全確信我是對的，而別人是錯的。
- 全神貫注在信念中的同時，請細察身體的知覺。
- 允許自己感受這些知覺，允許它們隨心所欲增強或減弱。
- 請告訴自己：「我肯定自己的信念是對的沒有關係，我不必與它抗衡。」接著繼續感受。
- 請直接傳遞關愛與包容到有壓力的部位。

- 待身體稍微和緩後，請對自己說：「我的信念只是模型，模型是根據我在世界的經歷打造而成，但模型不是世界本身。」觀察並感受身體產生的知覺，敞開胸懷迎接它們，花一到兩分鐘與它們共處。
- 接著，請想像對手正在反駁你的信念。請試著告訴自己：「他的信念只是模型，模型是根據他在世界的經歷打造而成。我明白那些信念的深處是渴望減少痛苦。」
- 最後問自己：「假如我能分享自己的經驗給對方，那什麼樣的模型才會符合我們雙方的想法？」

唯有放下成見，才能做出改變

一路反思下來，不免令人質疑放下執念是否會影響實踐信念的能力：老是懷疑自我的信念又如何能改變世界？如何同時敞開心胸、放下我執而不自鳴得意？如何堅守立場反抗錯的事而不落入確信的陷阱，導致病態正義或看不見他人的人性？

聖雄甘地也透過書寫表達許多面對這些難題的糾結，最終他認為關鍵在於認清實相的本質：現在的觀點並非永恆不變的絕對真理，但是其中必定蘊含事實的成分，一旦領悟這個道理就能秉持信念虛心受教。甘地表示自己會懷抱熱情提倡自我相信為真的事物，同時維持開放的心態看待對手的信念，其中勢必也深蘊某些事實。

甘地的闡釋確實很理想，但是知易行難。事實上樂於傾聽不同觀點的人往往都蠻自大的，他們或許對他人的生命懷抱惻隱之心，卻鮮少積極參與抵制暴力與壓迫的行動。反之，社運現場第一線的抗議者大多我執太深，比較難放開心胸聆聽建言。但其實要想改變狗屁倒灶的世界不必非得要選邊站，過去也存在許多頗有成效的社運，而這些前人的中心價值就是放下成見。我相信假如我們能從善如流，行動帶來的改變必定能如江河滔滔，連綿不絕。

不再糾結執念，你便無所畏懼

放下執念就能無所畏懼。人們所有的恐懼、憤怒甚至是悲傷多半始於自身對外物的評判，我們習慣把已經發生或即將發生的事貼上「無可接受」的標籤，然後為此黯然神傷。

而且一旦「無可接受」的標籤出現，就會觸發大腦與身體的威脅反應機制，進而產生負面情緒，驅使我們去改變或預防威脅。然而，在這種心理狀態下，很少有人能三思而後行，多半是不假思索，先「下手為強」。

反之，只要能正視並反覆檢驗威脅，直到內心不再覺得「無可接受」，我們就能讓自己變得無所畏懼。當「無法接受」變成「可以接受」自然也就不是威脅，不是威脅自然就無須驚慌失措。

興許面對可接受的情況，你還是會選擇要去改變或預防，甚至不惜傾盡全力。然而即便如此，你也是放下了執念，秉持自在的心去行動。接納實相後付諸改變並非絕對必要的手段，而是一種自由的選擇，會讓你放下心中的包袱，放開心胸欣賞世間萬物的人性。

運用慈悲心，消除內心的極度恐懼

接下來我將分享接受實相以消除恐懼的練習。

請細想生活中一直讓你心煩意亂的某些情況或可能發生的某件事。它或許搞得你膽戰心驚，或許擾得你魂不守舍，總而言之，你發現自我將某件事標記為「無可接受」。由於這項練習的目的是化「無法接受」為「可接受」，所以不管是已經發生的事或可能發生的事，在練習過程中都是一樣的。

接著，請把注意力放在客觀情況上，試著將可觀察到的現實從自我的描述中抽離出來。舉例來說，伴侶哭著說「我不敢相信你做了那種事」屬於可觀察的現實；「你認為對方的反應代表你是個爛人」則是屬於自我的描述。

請全心全意投入想像的場景並擁抱身體浮現的任何知覺，彷若輕柔溫暖地懷抱哭泣的嬰兒，渾身充滿關懷的愛意。此刻你正在直視部分的現實，請放開胸懷接納身體產生的負面反應，任由皮脂醇和腎上腺素等壓力荷爾蒙在血液中奔馳，一邊將無限的愛與包容傳遞至感受到壓力的部位。利用慈悲心擁抱自身的經歷就能啟動大腦的關懷迴路，進而調節身心的情緒。請全程專注在你認為無可接受的情境中。

練習過程中你可能會想東想西，一下子是設想惡夢成真怎麼辦，一下子是狀況反而雪上加霜怎麼辦，無論你心中浮現什麼想法，都不要試圖對抗它，真正的無所畏懼就是放開心胸看待大腦預設的最糟情況。正視它但不要相信它一定會發生，如此一來你就能接受任何情況的可能性存在。請直視最糟的預設情況並且用愛擁抱恐懼。

反覆練習下去，最後就能打通你的任督二脈，大腦終究會意識到心中所想的最糟情況也不過如此，即使遇到糟上加糟的事還是能用愛視之待之。由於你已經能正視情況的實相，所以也會產生不同的生理反應；雖然客觀的情況沒有改變，但是觸發恐懼與憤怒的因子已然消失無蹤。以慈悲心來看待自我的經歷，就能保有餘裕自在選擇行動或不行動，這就是我所說的「**無懼**」。

第十一章

社群是幫助我們改變的後援部隊

人類將來會更幸福，不是因為能治癒癌症或登上火星……而是發現回歸原始集居的方法，那就是我的烏托邦。

美國作家——
馮內果

以下我將分享三段關於社群（community）的引述並融會箇中真意。

《增壹阿含經》卷四十第四十四品中記述，某日在舍衛國祇樹給孤獨園，阿難尊者前去向佛陀問訊行禮，並感慨經過多年的修行方能領悟「所謂善知識者，即是半梵行之人[1]」；阿難尊者接著問佛陀有何看法，此時佛陀回道：

「勿作是言，言善知識者，即是半梵行之人。所以然者，夫善知識之人，即是全梵行之人。」

由此可見，佛陀認為結交志同道合的夥伴共同修行是發展靈性智識的不二法門。此外，佛教有三寶，分別為佛寶（Buddha）、法寶（Dharma）及僧寶（Sangha），僧寶指的就是受過比丘戒與比丘尼戒的和合眾。

永遠不要懷疑一小群熟慮堅定的公民能帶來改變，事實上他們是至今唯一撼動世界的力量。

二十世紀人類學家瑪格麗特．米德（Margaret Mead）是女性主義先驅，畢生致力於許多政治運動。儘管無法確定此話是否出自米德之口，這無疑是許多社運人士最常引述的至理名言之一。

我的親身經驗證實，過去我參與的每一場社運都是從緊密的人際關係萌芽。如今，我們已經了解建立善友之誼是修持心法的必經之路，而社運的有志之士則是改變現況的唯一可能。

二〇一七年九月，美國前公共衛生局局長維瓦克．莫西（Vivek Murthy）刊登於《哈佛商業評論》（*Harvard Business Review*）的文章如是寫道：

> 孤獨已經逐漸成為全球流行病，儘管你我身處科技登峰造極的文明時代，擁有無所不在的交際連結，然而，孤獨率卻還是自八〇年代起翻倍成長。

---

1 譯註：「善知識」意即「良友」。「半梵行之人」意指達成部分清淨修行的人，相對「全梵行之人」則為完成清淨修行的人。

換句話說，現代人類社會大多不見促進靈性成長與社會改變的唯一因素，也就是社群。

根據莫西援引的報告指出，美國國民比過去任何時候還寂寞且疏離，近半數的成人表示自己不是每天都會與他人展開面對面的實質社交互動。人們多半預設年長者會是社會中最為孤獨的族群，但事實上Z世代（Gen Z，據多數定義為出生於一九九七年以後的人）的孤獨感高居所有年齡層之冠。除此之外，報告也顯示社會隔離感（social isolation）非但導致個人的精神失能，無法有效發揮公民參與，甚至有礙身體健康，傷害程度約莫等於一天抽一包菸。如此說來，**孤獨真的會死人**。

既然如此，我們該如何是好？難道要像電影《神奇大隊長》（*Captain Fantastic*）演的一樣，手機通通丟了然後遠遁山林嗎？還是說要加入小團體的自治社群（communes）？我們都很清楚現代社會嚴重缺乏社群意識與連結，即使是新的社交媒體平台問世也無法可解，可是問題出在我們不知道怎麼樣才能改善現況。

我也希望自己有懶人包能解決這一切，可惜我沒有。不過我認為任何解決方法都要從認知和行動著手。我們首先要了解社群對人類生活至關重要，且凡事以社群為優先考量，進而從個人抉擇和群體行動抗衡大規模的社會經濟趨勢，阻止主流價值直接或間接妨礙社群與社會性（sociality）的發展。

後續我將藉親身經歷說明如何實踐以社群作為生活重心，並提供建議和練習給大家反思。

找到理想的社群

二〇一一年春天，我和安妮把工作辭掉，然後打包所有家當搬離加州到新罕布夏州。你可能在想「誰會幹這種蠢事」，不過不是只有你，我們的朋友也都這麼覺得。

事情是這樣的：幾年前我回梅村禪修，當時聽說要好的夥伴芬恩和邁克離開禪院去結婚了。我聯繫兩人之後發現他們正在醞釀一個我前所未聞的計畫，他們打算建立禪院供在家居士修行。如此一來，不想受持戒律（好比奉行獨身或捨離俗物）的人就能組成社群結伴共修。人們在這裡不僅能與大自然為伍，回歸簡樸的日常，還能踐行正念共好的生活。

我和安妮花了好幾年時間考慮，甚至到新英格蘭去拜訪芬恩和邁克，進一步了解他們對禪修社群的願景。一方面我和安妮真的很享受在舊金山灣區的生活，那裡有進步的文化、五花八門的藝術創作以及宜人的氣候，而且安妮在舊金山出生，那是她的家鄉。況且我們在灣區也都有穩定的工作，我在奧克蘭負責專門幫助情緒障礙兒童的計畫；安妮則是馬林郡一家農場環境教育中心的主任。

另一方面，加州的生活不是沒有缺點。非營利組織的工作薪水微薄，光是灣區的租金就讓我們左支右絀，加上我跟安妮也想生兒育女，但是看到其他朋友有了孩子以後不僅變得忙碌、壓力超大，手頭也更緊了。

我們掙扎了很長一段時間，到頭來灣區象徵著穩定收入、都市文化，以及家成業就的途徑，這也是周遭朋友選擇的路；另一方面，加入芬恩和邁克就像縱身跳入未知，我們知道深入簡出的生活開銷不大，但我們完全不知道收入該從哪裡來；我們知道要打造一個強大的社群，但是起點只有我們兩個小家庭。

三年後，坐在邊上躊躇不決的我和安妮總算縱身一跳加入計畫，恰好芬恩和邁克當時也籌措到足夠資金，在新罕布夏州靠近基恩（Keane）的地方買了一塊近百公頃的林地。那塊地很便宜，因為三十年來都被當地人視為是垃圾傾棄地。芬恩他們清理林地後蓋了間房子，並用稻草束和泥土造了間小禪堂，他們還說如果我和安妮過去幫忙也可以選一處蓋房子。這個感覺彷彿是斷捨離所有的安穩可期，為社群和簡樸騰出空間。

搬到那裡之後，我靠寫作和電話心理諮商賺了點錢，不過我和安妮大部分時間都在建造我們的窩，以及計劃禪修中心與合作住宅社群的事。後來我們將這裡命名為「晨陽正念中心」（MorningSun Mindfulness Center），到現在我們還住在這裡。再者，因為房子是自己蓋的，所以沒有花太多錢。之後我們的收入一直處在聯邦貧窮標準線之下，但生活是極其舒適愜意。

社群避得了疾風，避不了我心

對我來說，生活在那裡無比幸福。我不需要很多金錢，自然也不用汲汲營營，而且身邊幾乎隨時有人能一起聊天做事。加上安妮診斷出癌症後，我們更是獲得莫大的支持，最重要的是我想不到比晨陽更適合禪修的地方。儘管如此，生活在共修共好的社群不代表所有問題都能迎刃而解。

西方俗諺有云：「無論何往，即是所在。」（Wherever you go, there you are）無論生活在社群擁有多堅強的後盾，孤單、挫敗和筋疲力盡的感覺也不會就此煙消雲散，因為這就是人生，這些心理狀態在任何狀況下都會油然而生。我認為人們對居住環境最深切的盼望是擁有足夠的空間和後援，幫助我們專注和觀照自身的苦痛。

並非所有人都適合自治社群

晨陽的生活聽起來很理想，但顯然這並不適合所有人。事實上不管安妮有多愛這裡，她還是很想念在加州的一切，畢竟那是她生長根源的所在，所以我們會待在這裡多久還是未知之數。

其實要解決社會隔離感的問題需要各式各樣的方法，如此一來才能重新建立社群意識。有些人願意徹底改變自己的生活以尋求日常的簡樸和連結，有些人則更熱衷於從自己的所在地著手打造歸屬社群。

這麼說我們還需要思考一些更廣的問題：

1. 假如過分投入簡樸的生活，還能騰出更多空間建立與他人的連結嗎？

2. **是否有能以一己之力，或與家庭核心成員共同為社群完成的事？**
3. **情緒滯鎖（emotional block）是否阻礙你與他人建立連結與親密感？**

前兩個問題沒什麼好說的，除了建議你花點時間跳脫思考框架之外別無他法。不過我對於第三點還有些其他想法。

假如你察覺某部分的自己阻礙自我與他人建立深厚的連結與親密感，你首先要做的就是檢視生活中的人是否能賦予你所期盼的連結。人與人要建立親密感的時候需要脆弱性（vulnerability），我們甚至可以說親密的表現就是脆弱。一個人與他人的親密關係到達某種程度後就會卸下心防，在對方面前展現脆弱的自我，冒著風險暴露自身的情感。

假如你冒險掏心掏肺，是否有人會正面回應你的情感？假如生活中沒有這麼一個人，你恐怕需要考慮結交新的朋友（禪修團體會是不錯的選項）。假如生活中有這麼一個人，那麼你需要的是練習去接受暴露情感的風險。

假如確是如此，請試著進行以下的練習。

練習

- 請仔細想像對方的模樣，然後藉由某件真實的事表達自我的脆弱；你可以從小事開始，比如某件讓你感到不安的事，或者你希望自己能有所不同的地方。
- 在表達脆弱的同時細察身體的感官知覺，任由它們隨心所欲增強或減弱、留下或離開，花一些時間去感受和接受這些知覺。你正在經歷暴露脆弱的風險，所以身體也許會出現一些負面知覺，切記不要與之抗衡，請放開心胸感受這些知覺，提醒自己有這些感覺是人之常情。
- 請想像向心中選擇的對象分享脆弱的一面，同時接觸身體的感官知覺；接下來請向自我傳遞慈悲，你可以試著對受苦的自我說些和善的話，想像關愛的能量在身體流淌，或者回想某個能在此刻愛護、接納你的人。關鍵在於接觸自我的脆弱與不安時回想備受呵護的經歷。

請持續練習直到你可以想像自己能放心分享自我，屆時請聯繫對方，嘗試在真實生活中表達自身的脆弱面。

社群是情感避風港，也是行動利器

一九六六年越戰升溫，一行禪師與青年社會服務社（School of Youth for Social Service）仍不屈不撓幫助戰爭受害者重建家園，但不管是禪師或是與他密切共事的友人始終處於絕望的邊緣。自從禪師的摯友釋廣德為抗議南越政府迫害佛教徒，而決心自焚以來已經過了三年，眾人一直竭盡所能終結毀滅，無奈事態卻是每況愈下。

同年二月五日，禪師與一群至交在西貢正式成立相即共修團（Order of Interbeing），成員為三女三男，有些是出家人，有些是居士，六個人誓言互相扶持與修行並且致力促進社會變遷。共修團一週至少有一天共同禪修，竭盡所能支持彼此。

相即共修團完美詮釋社群的雙重作用，社群既是成員的情感避風港，也是政治行動的利器。社群彷如禪修練習的具體化身，我們的社群能擁抱受苦的彼此，增進善的覺性以利創造更美好的世界。假如社群只是庇護所，成員就只會沉浸在自我的省思且逃避現實；假如社群只著眼於行動，成員就無法在情感上支持彼此，行動也就淪為病態正義的溫床。一個健全的社群是能視成員的需求，因時制宜發揮兩種不同的功能。

一行禪師也勸誡學生禪修時需要有歸屬社群，他說自顧自地修行就如同落在山頂的雨珠，試圖靠一己之力抵達大洋，這是行不通的。假如這滴雨珠匯入河流，成為滔滔河水的一分子，那就有可能流進海洋。要是我們能找到其他人分享自己的希願，我們就可以集眾人之力成就一條河，共同承載眾人的希望前往未竟之地。

第十二章

正念需要刻意練習

對我來說，冥想是回應自身存在的空虛最為愜意充裕的酬答。

加拿大創作歌手 ——————
李歐納・柯恩（Leonard Cohen）

本書將由此展開最終章，期盼書中的觀點與練習能與一路閱讀至此的你相互共鳴。最終章將說明如何選擇自己喜歡的練習並內化正念成為自己的一部分，從紙上談兵到身體力行，運用正念創造嶄新的生活習慣。

本章第一部分是介紹如何在生活中靈活運用正念練習，第二部分則聚焦在打造修禪的基本要領，以此創造最適合自己的修行之路。

別當正念癡

要是花時間去觀察禪修或冥想團體的修行者，往往會產生一種印象，就是正念練習會把人變得怯懦和壓抑，這些人就是我口中的**正念癡**（mindfulness zombie）。正念癡的步行速度緩慢，說起話來輕聲細語，九十度彎腰鞠躬更是必不可少，跟他們聊天就像是跟邪教人士講話一樣。還有，正念癡似乎不具備任何自我的主見或感受，凡事都如鸚鵡學舌般重複當週從佛法讀到的教誨。許多地方的正念修行專走這個路線，搞得新手如果不照做就無法融入社群。我在此呼籲新手千萬別有樣學樣。

正念、慈悲與感恩等覺性練習的終極目的都為了讓人們更加生機蓬勃，鍛鍊人之所以為人的心法，幫助你我領悟心安之處即為家，安然看待人生跌宕起伏的境遇。覺性練習的用意不是限制人類表達七情六慾，反倒是要你我放開心胸接納任何油然而生的覺受。

每一個修習的瞬間都要保持覺知自我生命的脈動，若只是按表操課就無法收穫顯著的成效。我發現促進正念修行有兩大利器，一是**精進**，二是**信心**。「精進」轉譯自巴利文viriya，佛教心理學視精進為「領悟且力行善益之事」。修行者一方面深刻省思伴隨慈悲、無懼或任何嚮往的覺性所帶來的助益，另一方面細察反其道而行所衍生的困厄，如此一來便能堅決精進善業、斷棄惡業。

從我的親身經歷發現，一開始先確立精進的動機，然後再進行任何類型的練習將會大有斬獲。首先問自己「為什麼要練習？」假如答案是「為了培養專注力」，那我會接著問自己「為什麼專注力很重要？值得我特地花時間嗎？」我不必一一回答所有問題，而是要把握自問自答去省思禪修的意義，主動連結富有生命力的自我內在，以免練習淪為僵化的機械式反覆動作。

就我個人而言，一旦練習成了機械式的反覆動作，修行就會變得死板而且無益。在梅村修行有個例行公事，修行者在禪堂結束任何課程前都要對著祭壇鞠躬。假如我是看別人都在鞠躬才鞠躬，那麼這件事無疑是阻撓了我活在當下，比浪費自我生命還糟糕。反之，我會問自己「鞠躬是為了什麼？」藉此提醒自己活用此刻表達對傳統教誨的感恩，讓自己真實存在當下。

我期許自己是關愛他人、接納生命且無所畏懼的人類，我期許自己是賦予所愛之人慈悲與喜樂的泉源，除此之外我想像不到任何更能吸引我的自我，而這就是鞭策我踐行正念的力量。

修行的第二利器「信心」轉譯自巴利文saddha，佛教視「信心」為「相信自己」。我也許十分清楚自己渴望成為一個心胸開闊、見義勇為的人，但是如果我質疑自己無法修持開放、無懼的覺性，我就會故步自封無法全心全力投入修行。一旦了解修身養性來保持人性是友善且可成的，你就能持之以恆決心精進。

不求拋棄萬事萬物，但求心甘情願斷捨離

現代人的生活無時無處不是干擾。「選我，我比較重要！」舉凡手機、工作、各種影集以及一堆有的沒的，不斷在你我耳邊嘰喳叫囂，還有成千上萬訓練有素的ａｐｐ軟體開發工程師月領豐厚的薪水，不眠不休研發各種吸睛之道，為的就是攫住人們的注意力。要是你任憑自身欲望呼之即來、揮之即去，最終你就會落得行屍走肉的下場。正因如此，我們更要懂得輕重緩急，有意識地選擇自我的行為。

要為生命創造真正的改變，就要讓正念練習在生活中佔有一席之地。騰出時間與空間修行不一定要犧牲其他重要的事物，即便有時候確是如此。但是把眼光放遠來說，培養正念保持人性肯定會對事業、家庭以及友誼等生命中的大小事有所助益。然而，有時候面對有限的時間與精力，你勢必要作出抉擇。

假設你計畫一整天都要練習禪修，這就代表你無法出現在其他地方。就算你決定修持正念和慈悲是生活的首要任務，你也可能會遇到其他即刻需要花心思的事，這時候你就不得不在練習和要務中取捨。

假如擁有一切意味著在生活中死命塞滿行程，而且絲毫沒有任何喘息的空間的話，那麼我認為這並非是豐盈的生命該有的樣貌。對我來說，豐盈的生命是「甘於捨得、樂於淡薄」。

練習

- 列出生活中所有比修持覺性以保持人性更重要的事。
- 列出生活中所有無關緊要的瑣事。
- 反思自己花多少時間在不重要的瑣事上，並且思考如何將更多精力放在重要的事情上。

一萬小時刻意練習

刻意練習（deliberate practice）與**一萬小時定律**（ten-thousand-hour rule）透過記者麥爾

坎·葛拉威爾（Malcolm Gladwell）的《異數》（*Outliers: The Story of Success*）一書大紅大紫。其實這兩個概念均出自心理學家安德斯·艾瑞克森（Anders Ericsson）開創性十足的研究。艾瑞克森專門研究人類如何精進技能，從運動到音樂到記憶無所不包。艾瑞克森經過研究發現，幾乎各行各業的高手提升技能的方式都如出一轍，也就是刻意練習。而根據葛拉威爾的說法，要在任何領域出師所需要的時間約莫是一萬小時的刻意練習。

我會彈吉他，我也希望自己可以彈得更好，問題是檢視人生中百分之九十八的練習時間，我都在彈不怎麼有挑戰性的歌曲，就算彈錯也不了了之，這就不是刻意練習。

刻意練習是確立一項期望加強的技能，並且全心全意投入其中，還要即時挑出錯誤並且改正，如果有老師從旁指導是最理想的狀況。最後，刻意練習是逐步提高練習的難度，能時時挑戰自我又不致於無力應戰。也就是說，只要鍛鍊時符合以上條件都足以稱為刻意練習。反之，坐在營火旁邊重複撥弄三種不同的和弦則不算是刻意練習。最重要的是，我相信刻意練習的三種條件也同樣適用於修習正念、培養人性：

1. 選擇期望打造的覺性，譬如感恩惜福、自我慈悲或無所畏懼，並下功夫投入其中。

刻意練習甚至可以用於內化正念，只要每天利用二十分鐘，放下企圖達成任何目標的欲念，便能練就不費吹灰之力維持內在平和的功力。

2. 練習的同時反思成效。

假如練習時感覺自己死氣沉沉，請馬上回到此時此刻，捫心自問是否有其他方式更能幫助自己活在當下，也許是從觀照覺知轉為擁抱覺知，又或許是從專注磨難轉為專注喜樂。最好有老師在一旁指導，不過關鍵還是在於覺察練習的成效，然後盡可能對症下藥解決癥結。

3. 逐步增加訓練難度。

舉例來說，假設你已經練就以一人之力即可維持內在平靜，你便可以增加挑戰性，進階到想像生命中帶給你苦痛的人，並向對方傳遞慈悲。

一開始先具體選擇一到兩種你期望打造的覺性，切記不要把練習變成自我批判大會，至少試著和緩那股想責備自己的心情。假如你發現自己練習時忍不住會攻擊自己，那麼我建議你首先必須培養自我慈悲心。

確定具體的目標後，便是了解該覺性蘊含的意義。什麼是感恩惜福？怎麼培養感恩的心？自我慈悲與自尊心、自憐的差別是什麼？你需要對期望打造的覺性有基本的認識。

了解期望發展的覺性後，便可開始進行不同的練習方式。許多老師都會提供各式各樣不同的建議，你可以每一種練習都試試看，找出對自己最有幫助的模式。最後則是專心致志在適合自己的禪修練習上。

我愛禪修，是因為我樂在其中

一行禪師曾問所有學徒：「佛陀得道後為什麼仍繼續堅持禪修？」當時沒人有自信回答，禪師又再繼續問：「佛陀得道後為什麼仍繼續堅持禪修？」他讓我們思考一會兒後，便說自己應該知道答案：「我相信佛陀之所以持續不輟是因為祂享受禪修。」

禪師接著強調，假如找不到自己樂在其中的禪修方式就很難持之以恆。他說我們都要找到自己鍾愛的禪修之道，如此一來，即便是擁抱苦痛時也能嚐到生命的一絲甜美、感受到片刻的舒心自在。

禪師最後再次重複，最佳的禪修理由是樂在其中。假設練習禪修的理由是認為某部分的自己不應該存在，那麼這個念想就會影響你投入的心血，破壞練習的成效。與其藉由練習逃避自我，不如想「世上還有比修持慈悲更值得傾盡畢生之力的事嗎？」嘗試保持這個態度，找出能帶給自己喜樂的禪修方式。

修持正念的四大途徑

修持正念的途徑五花八門，人們往往很難決定應該專攻的類型。接下來我會把修行途徑分為四大類，幫助你思考最適合自己的方式。我建議你可以嘗試不同類型，直到從各個途徑中找出至少一種最能樂在其中的正念練習方法。

• 閉關修行

世界各地有不少禪修中心和佛寺，包括美國在內的各個地區也都有提供種類不一的修行計畫。閉關修行屬於沉浸式的禪修體驗，也是深化修禪的最佳之道。對於剛開始修行的人來說，閉關修行是不錯的第一步。有時候要新手坐上二十分鐘融入練習比較困難，不過只要加入閉關禪修的計畫練習幾天，就算是新手也大多能徹底投入修行，為往後在家修禪打下良好的基礎。

閉關修行需要考慮很多細節，最重要的莫過於地點和費用。以美國來說，東北部和西岸的閉關中心比較多，所以住在其他地方的人可以考慮計畫一趟旅行，找個感覺不錯的地方閉關。此外，每個機構的費用不一，從完全免費的葛印卡[1]（Goenka）內觀中心（但結束閉關後需隨喜樂捐），到一天一千美元起的身體舒療式會館應有盡有。

再者，你也許要考慮選擇基督教、佛教、其他派別或非宗教的閉關中心。你偏好居士

1 譯註：葛印卡（Satya Narayan Goenka，一九二四至二〇一三年）為當代著名的內觀禪禪師，其遵循的傳統並無宗教派別之分，每年更吸引世界各地逾十萬人參與其內觀禪修課程。

還是出家人開設的閉關中心？你希望單獨在小屋中靜修整天（許多閉關中心都有提供這個選項）？還是跟別人一起照表操課？你想要靜默閉關（葛印卡的閉關包括十天裡完全禁語的團體修行），還是喜歡可以彼此交流的閉關禪修？

假如能親承大師的教誨自然是再好不過。大家可以去了解一些心靈禪師，比如達賴喇嘛（Dalai Lama）、佩瑪・丘卓（Pema Chödrön）、傑克・康菲爾德（Jack Kornfield）、塔拉・布萊克（Tara Brach）、雪倫・薩爾茲堡（Sharon Salzberg）以及阿姜・阿默爾（Ajahn Amaro）。假如能親炙法教必定能獲益匪淺，絕對是終生受用的經歷。

我自己是喜歡在梅村閉關禪修，那裡的比丘與比丘尼長年在佛寺修行，畢生致力弘揚正念與慈心。他們受持戒律守貧守貞，將所有精力都放在修持覺性上。參與梅村的閉關修行彷彿短暫加入一個大家庭，所有人一起努力在生活中踐行正念。

再者，梅村的閉關修行不只專注在靜默坐禪，更鼓勵大家將生活的每分每秒當作練習。除了正規的打坐誦經外，還有修持行禪及進食禪、聆聽佛法與小組討論。我認為在日常的食衣住行實踐正念有助於把生活與練習徹底融為一體，只不過修行者必須相當嚴以律己。葛印卡式的閉關禪修或曹洞宗禪修[2]（Soto Zen）的接心[3]（sesshin）都屬於高度制式化的修行，禪修者一天也許要練習默照禪十小時。相形之下，梅村的生活禪則少了些制式流程，正因如此，修行者更應該好好把生活中的每一刻都當作是在修行。

除了美國之外，世界各地也遍布許多一流的禪修中心。我建議大家多方嘗試不同類型的閉關禪修，找出自己最喜歡的修行方式，然後每年至少安排幾天來一趟洗滌心靈之旅。我加入相即共修團之後便發願，每年至少要安排六十天閉關禪修，這相當於每週安排一整天禪定，再加兩次五天的閉關修行。只要時間安排許可，我就會盡量花比較長的時間在梅村修行。

・時刻修行

人們也可以在行、走、坐、臥間踐行正念，賦予生活的每時每刻平靜和喜樂。一九四二年，一行禪師在越南的佛寺出家成為比丘。當時他拿到一本偈句小書，內容涵蓋晨起

---

2 譯註：曹洞宗為禪宗的五大流派之一，其立宗祖師為洞山良价，曹洞宗主張儒、釋、道三家融合，認為萬物皆虛幻，萬法本源皆佛性，提倡以打坐為主的默照禪。

3 譯註：接心為日本佛教用語，又稱為「接心會」或「攝心會」，也就是在長時間的坐禪，以致心境平和不散亂。

禪、著袈裟禪、淨面禪等諸多有關生活禪的偈頌，師父要他用心學習並活用於日常之中。這本小書便是一行禪師修佛的入門書，字字句句都是在提醒他，正念與慈心存乎片刻動靜之間。後來一行禪師在《當下一刻美妙一刻》（*Present Moment Wonderful Moment*）中將偈頌改寫得較為淺白，以利現代人閱讀。以下是書中的晨起禪：

早晨起床，我微笑。
二十四個全新的鐘頭在我面前。
我願充分活在每個時刻。
用慈悲之眼觀照一切眾生。

請想像生活的每分每秒都是在修禪：早晨清醒第一件事是覺知活著的奇蹟並對此心懷感恩與驚喜。在床上起身坐正時細察身體的知覺，享受床單與被毯的柔軟，還有肌膚感受到的怡人氣溫。下床前花一點時間做十到十二個正念呼吸，不疾不徐地吐納與微笑，覺知乾淨的空氣和正常運作的肺。沖澡時用心體會淋浴的覺受，力求與當下同在。用早飯時全心全意品嚐食材的滋味和口感，心懷感激看待充足的食物。正念的生活無時無刻不是奇蹟。

此外，即使生活陷入困難，你我也能時刻修行。開車上班堵在車陣中的時候，你可以提醒自己隨順呼吸，覺知體內的輕盈放鬆。你也可以回想禪師的教導和練習，感謝正念幫助你度過當下這個煎熬時分。假如你發現已經遲到十分鐘了，你可以想「我會盡可能加快速度，時候到了自然會抵達」，不必因為匆匆忙忙而焦急不已。其實這種時候你可以跟自己說：「我每一刻都是在抵達的路上。」我相信這樣想著的你在順利抵達目的地時，必然會是精神奕奕且充滿喜樂。

要是這些對你來說有點遙不可及，至少在生活中實踐一種時刻修行，可以是靜默進食，也可以是正念步行。其實練習行禪有很多種訣竅，不過一行禪師最常提醒我們的是，運用每個步伐去接觸生命的每個當下，畢竟行禪不在乎是否抵達目的地，而是在乎有無享受行走的當下。

・團體練習

一個人練習必須靠自我的意志，才能不被壞習慣牽著鼻子走，而與一群同參道友共同練習就能發揮集體的動能，幫助不同的自我價值和諧共處。

假如自己一個人練習冥想，可能一下子就會分神或覺得無聊，練個五分鐘就喊停。假如是團體一起練習，你會發現自己輕輕鬆鬆就能進行二十分鐘甚至更長的練習。

・每日例行練習

每日例行練習是指每天清晨或傍晚騰出時間專門練習自己想培養的特質。例行練習包括坐禪、行禪、祈禱、唱誦、朗讀經文、打太極、做瑜伽以及傾聽正念鐘聲[4]。朗誦經文時務必緩慢仔細，思索你讀到的每字每句，並且設法在日常中踐行教誨，不要只想著透過朗誦累積知識。

嘗試不同類型的修習後便能找出最適合自己的一種。一行禪師在《吟心誦：佛教課誦與日常練習》（*Chanting from the Heart: Buddhist Ceremonies and Daily Practices*，中文暫譯）中講述各式各樣不同的例行練習，我相信其中一定會有適合你的類型。假如你還沒找到適合自己的修行也不要氣餒，繼續探索肯定會找到一拍即合的練習。

正念練習的三種類型

從我的經驗來說，開始禪修的人們大致可以分為三種類型：嬰兒學步型、熱衷參與的團體活動型以及天生好手型，我將描述每一個類型，並提供相應的練習建議。

- **嬰兒學步型**

假如你傾向一步一步摸索新事物，慢慢踏進禪修的領域，以下我提供兩種選擇：

1. 每天花五分鐘進行書中某項正念練習，或者反覆閱讀及思考本書的內容。

許多人認為睡前或剛醒來是短暫進行禪修最方便的時刻。做完練習後，你可以註記在行事曆或日記上，以便追蹤練習次數。每日禪修五分鐘維持一週後再加至十分鐘，每日禪修十分鐘持續一週後增加至二十分鐘，每日禪修二十分鐘持續一週後，便可開始尋找禪

---

4 譯註：正念鐘聲是梅村的一項練習，當修行者聽到中心的鐘聲便會暫時停下腳步，隨順呼吸，享受當下。

修團體或簡短的禪修體驗計畫[5]，加入社群共同練習。

2. **下載禪修的手機應用程式**[6]。

在一個月內維持每天練習並逐步增加時間，直至堅持每天練習二十分鐘後，便可開始尋找禪修團體或簡短的體驗計畫，加入社群共同練習。

・**團體活動型**

假如你認為擁有團體的支持、彼此一同練習比較輕鬆，那麼你可以開始尋找禪修團體或簡短的體驗計畫。首先讓團體成為督促練習的定錨，接著慢慢開始在共修之間進行自我練習。

・**天生好手型**

有些人對正念練習是一見鍾情，我就是這樣，而我唯一的問題是恨不得將練習內化得更為透徹。假如你也有相同的感受，以下是我提供給你的精進藍圖：

- 每年花六十天參加閉關禪修。六十天可以是一次長時間的修行，也可以是每週一天放下所有俗事來專注修習。你可以加入團體或自己在家修行，關鍵是你從起床直到入睡之前騰出一整天時間來完成練習。
- 每天早晨和傍晚利用二十分鐘進行坐禪或行禪。
- 加入喜歡的禪修團體，成為團體中積極的一分子。
- 每一天竭盡所能覺察身心的感受，一旦發現任何束縛與沉重感時，請立刻停下手邊的事，並向自我傳遞慈悲，持續練習直到身心再度感到輕盈。
- 每天至少一次停下腳步捫心自問：「此刻賦予我無比喜樂的是什麼？」你只需要傾聽內心浮現的答案，無須多做評判；接著再問自己：「還有什麼能比這賦予我更多的喜樂？」反覆這項練習直到你達到某種清淨澄明，然後開始去做任何會帶給你無比喜樂的事。這就是學著對自己慷慨的練習。

---

5 其他建議請參閱我的個人官網：www.timdesmond.net

6 其他建議請參閱我的個人官網：www.timdesmond.net

坐禪指引

請選擇一處舒適的位置坐下，坐在椅子或地上的蒲團都可以。你想張開眼睛或閉上眼睛也都可以。許多人發現挺直脊椎有助於保持覺知。

1. **首先全神貫注在呼吸的覺受，覺知每一個呼吸從開始直到結束的出入息。**

重複覺受呼吸數次，慢慢將心志與身體的連結拉回此刻。任由自我隨順呼吸的覺受，認知呼吸的覺受是愉悅的體驗。

2. **專注於呼吸的覺受一段時間後，開始向此刻的自我傳遞慈悲。**

仔細覺察身體或心志產生的任何一絲不適，假如覺察任何緊繃的知覺或苦惱的情緒，則請將慈悲直接傳遞至痛處。請持續向自我傳遞慈悲，尤其是受苦的部位，直到你覺察心志或身體不再有痛苦的感受為止。

3. 最後請花幾分鐘品嚐坐禪為身心帶來的深度放鬆。

走出紛擾與恐懼

幾年前，我還沒開始寫這本書，當時安妮和我才剛定居在晨陽正念中心，那裡的生活條件盡善盡美，彷彿不費吹灰之力便能如願以償。我一天能花好幾個小時練習禪修，還有強大的社群提供源源不絕的支持。即便後來天天花十五個小時籌組佔領華爾街行動，我多半還是能保持輕鬆愉悅。然而，此時不同往日。

後來安妮的健康每況愈下，我們的兒子也快要五歲了，現在的練習比起求進步更像是求「不退步」，彷彿從學習在水上行走變成練習讓自己不溺死。家庭帶給我無盡的紛擾與痛苦，無形中鞭策我深化自身的練習，對此我由衷感恩。

我明白世間眾生的痛苦無所不在，有些人得面對自我的悲劇，有些人得承受暴力或壓迫，而我絕非唯一一個因為受苦而幾乎滅頂的人。我寫這本書的目的就是希望我的經驗能為你帶來一線曙光。

此時此刻，願身在風暴之中的你我能全神貫注在當下。願你我一心一意專注在此地此刻，縱使無盡的未知與痛苦環顧窺伺。願你我允許體內溫柔的野獸隨心所欲存在，任由它與己身無有不同。願你我秉持純然的關愛與包容深觀此身與此心，欣賞身心變化萬千的生命之美。

願你我開心快樂。願你我健康安在。願你我安心無虞。願你我備受疼愛。

後話

失去雖然痛苦，但仍要散播愛

二〇一八年十二月十八日，安妮與世長辭。她在家人親友的陪伴下度過剩餘的幾個星期，最後以一抹燦爛的微笑告別人世。

走過生離死別後，我對人生的所有導師更是懷抱誠摯的謝意，感謝他們教會我如何擁抱痛苦，如何秉持慈悲心看待失去。正因為有老師們的教導，我才能看見安妮並沒有真正離開，她的一生改變了許多人的生命，這是她在世間留下的印痕，是她延續下來的傳承。

倘若安妮還能表達自我，我相信她會要我們無畏無懼地去愛，竭盡所能幫助受苦的人，以此銘記她的存在，而這就是我餘生致力的目標。

致謝

我至今領悟的一切均歸功於一行禪師、梅村的比丘及比丘尼，還有其他心靈導師，我是何其幸運才能在此生與您們相遇相識，我對您們的感激之情著實無可言喻。

感謝晨陽正念中心每一個人的支持，假如沒有你們就沒有這一本書。感謝我有幸參與的社運團體，攜手有志之士共同為和平、正義與生態再生奮鬥，假如沒有你們，我所有的希望與理想早就灰飛煙滅。

感謝泰德與羅傑斯相信我還有這項計畫。

最重要的是感謝您與您的先祖，以及我們心愛的逝者，我們是壯闊的波瀾，而你是無可或缺的活水。

人生顧問 420

在殘酷的世界中挖掘生命的美好

一行禪師弟子教你利用正念，找到耐挫與靜心的力量

作　　者—提姆．戴斯蒙（Tim Desmond）
譯　　者—盧思綸
主　　編—郭香君
責任編輯—龍穎慧
責任企畫—張瑋之
封面設計—木木 Lin
內頁排版—新鑫電腦排版工作室

編輯總監—蘇清霖
董 事 長—趙政岷
出 版 者—時報文化出版企業股份有限公司
108019台北市和平西路三段二四〇號四樓
發行專線—（〇二）二三〇六—六八四二
讀者服務專線—〇八〇〇—二三一—七〇五
（〇二）二三〇四—七一〇三
讀者服務傳真—（〇二）二三〇四—六八五八
郵撥—一九三四四七二四　時報文化出版公司
信箱—10899臺北華江橋郵局第九九信箱
時報悅讀網—http://www.readingtimes.com.tw
綠活線臉書—https://www.facebook.com/readingtimesgreenlife
法律顧問—理律法律事務所　陳長文律師、李念祖律師
印　　刷—勁達印刷有限公司
初版一刷—二〇二一年五月十四日
定　　價—新臺幣三二〇元
（缺頁或破損的書，請寄回更換）

在殘酷的世界中挖掘生命的美好：一行禪師弟子教你利用正念，找到耐挫與靜心的力量 / 提姆．戴斯蒙（Tim Desmond）著；盧思綸 譯. -- 初版. -- 臺北市：時報文化出版企業股份有限公司, 2021.05
面；　公分. --（人生顧問；420）
譯自：How to stay human in a f*cked-up world : mindfulness practices for real life

ISBN 978-957-13-8935-6（平裝）

1.佛教修持　2.生活指導

225.87　　110006343

ISBN 978-957-13-8935-6
Printed in Taiwan